Staread
星 文 文 化

餐桌上的经济学

식탁위의경제학자들

【韩】赵源敬 著 吴荣华 译

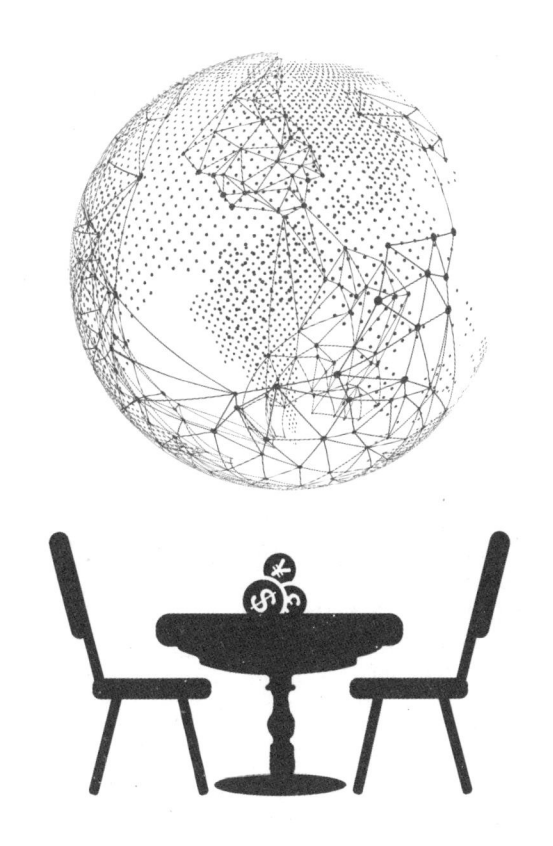

四川人民出版社

图书在版编目（CIP）数据

餐桌上的经济学 /（韩）赵源敬著；吴荣华译. --成都：四川人民出版社，2022.11
ISBN 978-7-220-12798-4

Ⅰ.①餐… Ⅱ.①赵… ②吴… Ⅲ.①经济学—通俗读物 Ⅳ.① F0-49

中国版本图书馆 CIP 数据核字 (2022) 第 172466 号

식탁 위의 경제학자들 (Economists on the table)
Copyright © 2015 by Weon-Kyoung Jo
All rights reserved.
Translation rights arranged by Sam & Parkers Co., Ltd.
through May Agency and Wuhan Loretta Media Agency Co., Ltd.
Simplified Chinese Translation Copyright © 2022 by Tianjin Staread Cultural Communication Co., Ltd.

四川省版权局著作权合同登记号 21-2022-207

CANZHUOSHANG DE JINGJIXUE
餐桌上的经济学
[韩]赵源敬 著 吴荣华 译

出 版 人	黄立新
出 品 人	柯伟
监 制	郭健
责任编辑	李昊原 孙茜
特约编辑	赵莉
封面设计	水沐
版式设计	李琳璐
责任校对	蒋科兰
责任印制	周奇

出版发行	四川人民出版社（成都三色路 238 号）
网 址	http://www.scpph.com
E-mail	scrmcbs@sina.com
新浪微博	@ 四川人民出版社
微信公众号	四川人民出版社
发行部业务电话	（028）86361653　86361656
防盗版举报电话	（028）86361653
照 排	天津星文化传播有限公司
印 刷	北京盛通印刷股份有限公司
成品尺寸	166mm × 235mm
印 张	18
字 数	240 千
版 次	2022 年 11 月第 1 版
印 次	2022 年 11 月第 1 次印刷
书 号	ISBN 978-7-220-12798-4
定 价	58.00 元

■版权所有·侵权必究
本书若出现印装质量问题，请与我社发行部联系调换
电话：（028）86361656

[目录]

序言 为了钱，我杀死了凯恩斯……………………………………… 001

中文版序言 获得诺贝尔奖的经济学家的清幽香气和生活智慧…… 005

第一部分 生活与经济的灵魂

第 1 章 幸福是如何测定的
—— 保罗·萨缪尔森的幸福方程式 ………………… 011

人们喜欢看《请回答1988》的理由 / 012
存在于世上所有事物中的"明"与"暗" / 015
所有的不幸始于攀比 / 017
"囊中羞涩心事重" / 020

第 2 章 市场是可以设计的
—— 埃尔文·罗斯的匹配理论 ……………………… 023

拯救生命的并不只是医生和军人 / 024
为什么要看重"厌弃市场"？ / 026
用博弈论解决肾脏移植难题 / 028
研究现实市场的经济学家 / 030
为实现更大繁荣的市场设计 / 033

第 3 章　暖心经济学受欢迎的理由
　　——阿马蒂亚·森的"以自由看待发展" ················· 035

沙漠少女仍在哭泣 / 036
专门研究不平等与贫困的经济学大师 / 039
让人们实现生活梦想的"有力的自由" / 042
提出"森贫困指数" / 044

第 4 章　经济学里没有"两只兔子"
　　——简·丁伯根的计量经济学模型 ················· 047

方法应该多于或等于目标 / 048
草率采取"一石二鸟"会歪曲事实 / 051
敢于放弃做不到的事情 / 054

第二部分　我们所面临的挑战

第 5 章　经济再景气也不能实现零失业率的原因
　　——彼得·戴蒙德的搜寻摩擦理论 ················· 061

破锅自有破锅盖，可是找工作为什么如此难匹配？ / 062
劳动力供需双方也要"志趣相投" / 065
共和党反对戴蒙德的真实理由 / 067
为什么在有就业岗位的情况下失业率还在上升？ / 069
减少搜寻成本是重中之重 / 071

第 6 章　那么多的钱都去哪里了？
　　——米尔顿·弗里德曼的"直升机撒钱理论" ················· 073

那么多的钱都去哪里了？ / 074
账户里存钱也需要缴纳保管费的"负利率" / 077
需要改写经济学教科书？ / 080
货币是在信任的基础上形成的 / 082
天下没有免费的午餐 / 085

第 7 章　向单身人士征税合理吗？
——西蒙·库兹涅茨的人口创新理论 ································· **087**

如果向你征收单身税？ / 088

经济就是人口，人口就是国力 / 089

难民的流入对欧盟经济产生的影响 / 091

比人口增长更可怕的"人口减少之灾" / 093

世界关注印度的原因 / 097

第 8 章　只图自己活命，结果全都活不成
——约翰·纳什的博弈论 ··· **100**

激怒奥巴马总统的避税行为 / 101

大家一起放弃金发美女 / 105

陷入"囚徒困境"的世界 / 109

有必要学习企鹅的合作精神 / 111

第三部分　经济与道德准则

第 9 章　诚信企业才能富起来
——奥利弗·威廉姆森的交易成本理论 ························· **115**

企业越大效率越高吗？ / 116

大企业是"铁公鸡"，中小企业是"蚂蚁族"？ / 119

患上"彼得·潘综合征"的企业 / 121

"隐形冠军"强国——德国 / 123

第 10 章　天才也能成为成功的投资者？
——罗伯特·默顿的"基于目标的投资" ······················· **126**

比别人聪明就能赚钱？ / 127

比遗产更重要的东西 / 130

如何安排生活，如何做好风险管理？ / 133

第 11 章　贪婪和恐惧如何驱动经济？
——罗伯特·席勒的非理性繁荣 ······ 136

只有经济停滞才能看得见的泡沫 / 137
"泡沫"是"心理传染病" / 140
正能量才是经济增长的原动力 / 144

第 12 章　人类对受损的痛苦比受益的喜悦更敏感
——丹尼尔·卡尼曼的避损倾向 ······ 147

我的损失为什么像滚雪球一样越滚越大？ / 148
人类是情绪化的、喜怒无常的存在 / 152
限量版绝对伏特加那么昂贵，可人们还是想购买 / 154
没有不让任何人蒙受损失的结构调整 / 156

第 13 章　高价购买二手车的理由
——乔治·阿克尔洛夫的"钓愚"经济理论 ······ 159

购买二手车须三思而行 / 160
仅凭一句话摆布国家经济的信用评级机构 / 164
有人正准备"钓"你 / 167

第四部分　国家的建设

第 14 章　企业经营人当上国家领导就失败的原因
——保罗·克鲁格曼的管理国家的故事 ······ 173

国家不是公司 / 174
国家管理与企业经营的区别 / 178
政治两极化导致经济两极化 / 181

第 15 章　回报率最高的投资
——詹姆斯·赫克曼的教育经济学 ······ 183

比成人教育投资率高出 16 倍的婴幼儿教育投资 / 184

给奥巴马政府产生巨大影响的"赫克曼模型" / 187
　　要逃离《死亡诗社》 / 190

第 16 章　经济与"制度"的相互作用
——道格拉斯·诺斯的制度经济学 ·················· 193

　　曾经的强国阿根廷沦落为债务危机国家的原因 / 194
　　不同的制度决定了中国和英国不同的命运 / 197
　　移植制度会促进经济增长？ / 199
　　信任拯救经济 / 202

第 17 章　政府不是"天使"
——詹姆斯·布坎南的公共选择理论 ·················· 205

　　超越历史的戏剧性投票 / 206
　　多数公决原则并不是万能的 / 208
　　不是他们不好，而是政治制度出现了问题 / 210
　　"合力滚动圆木"的国会议员们 / 212
　　偏向中等阶层的原因 / 215

第五部分　技术与创新

第 18 章　夜总会与谷歌的共同点
——让·梯若尔的双边市场理论 ·················· 219

　　平台市场与夜总会的网络效应 / 220
　　谷歌的一天是从自由挣钱开始的 / 224
　　我们对变化的游戏规则的态度 / 227

第 19 章　人工智能能否实现人类伟大的逃脱
——安格斯·迪顿的创新与不平等争论 ·················· 230

　　机器人取代人类的社会真的是幸福的社会？ / 231
　　与机器人争夺就业岗位会成为现实？ / 233

创新带来的发展与令人不适的焦虑 / 235
诺基亚没落之后,芬兰如何再创辉煌? / 238

第 20 章 重要的不是拥有什么,而是怎么做
——罗伯特·索洛的经济增长论 ················ 242

被雾霾掩盖的致命危险 / 243
过度的积累与投资也会导致危险? / 246
要素投入型经济的发展界限 / 248
靠提高生产率实现经济增长,现在还可行吗? / 251

第 21 章 互联网与共有地的"两难困境"
——埃莉诺·奥斯特罗姆的共享资源管理 ·········· 255

阻止"共有地悲剧"的方法 / 256
使用互联网也要缴纳拥堵费? / 260

第 22 章 创新能力是国家繁荣的关键
——埃德蒙·费尔普斯的自发性创新论 ············ 265

寒门难出贵子,"了不起的盖茨比曲线" / 266
我们生活在长期结构性停滞的时代? / 268
小小的创新结果也能带来经济繁荣 / 270
中国的创业热潮说明了什么 / 274

结束语 我们真的相互关爱吗? ················· 276

[序言]
为了钱，我杀死了凯恩斯

我们生活在一个充满不确定性的世界。据外媒报道，在英国，工业革命后出生的一代人最担心的是，自己有可能会成为生活不如父母的"穷一代"。前几天，一位有过一面之交的年轻人来找我聊天，他说自己正在找工作。在聊天中他无意指出了一位经济学家的谬误，聊了几句后我才得知，他指的是英国伟大的经济学家约翰·凯恩斯（John M. Keynes）。看样子，凯恩斯的一句错误的预言让他颇为不爽。他一脸严肃地对我说："为了钱，我杀死了约翰·凯恩斯。"

他讲了昨晚做的一个梦，说梦中他遇到凯恩斯并与他进行了一场辩论，争辩越来越激烈，最后自己一气之下开枪打死了凯恩斯。不得不说这是一个荒唐可笑的梦。他说他在争辩中向凯恩斯提出了一连串的质问。

"什么？一周只工作15个小时？像我们这样的临时工，一周何止工作15个小时，几乎每天都工作15个小时！居高不下的房租和生活费让我们度日如年。你说百年以后会有好日子过，可我们就是看不到那个好日子。不仅如此，我的钱包反而越来越干瘪！你说，这世上的钱都去哪儿了？"

在本书即将出版的今天，我想起那个年轻人的梦话，不禁露出一丝苦笑。

我忽然想到与凯恩斯生活在同一时代的女作家弗吉尼亚·伍尔夫[1]，于是再次读了一遍诗人朴仁焕的一首诗《木马与淑女》[2]。

> 喝完一杯酒，
> 我们聊聊弗吉尼亚·伍尔夫的一生，
> 聊聊骑着木马离去的那个淑女飘逸的衣襟。
> 木马丢下女主人，只留下一串马铃声，
> 走向了秋天。
> 酒瓶里掉下了一颗星星。

英国女作家弗吉尼亚·伍尔夫是号称"知性之家"的社交俱乐部布鲁姆斯伯里[3]的成员。当时的很多知性青年，包括弗吉尼亚在内，对整个欧洲社会蔓延的自由放任主义思潮产生疑惑，于是来布鲁姆斯伯里与凯恩斯进行思想交流。

凯恩斯是一位伟大的经济学家，他曾提出国家资本主义理论，从而使资本主义国家度过世界性大萧条。他在自己的一篇随笔《我们后代的经济前景》（*Economic Possibilities for Our Grandchildren*）中写道："到了2030年，人类将依靠'技术进步'和'资本积累'实现经济的跨跃式增长。"我认为凯恩斯的这一预测在某种程度上还是正确的。可是，他说的"只要人人储蓄，'复利的魔法'会使我们盆满钵满，经济将实现持续高速增长"这句话，与当今在低利率的深渊中呻吟的现实社会相差甚远。

凯恩斯在随笔中还说，"人类将来每周只工作15个小时就能过上有能力享

---

[1] 弗吉尼亚·伍尔夫：全名艾德琳·弗吉尼亚·伍尔夫（Adeline Virginia Woolf），英国女作家。
[2] 《木马与淑女》：목마와 숙녀，作者是朴仁焕，韩文名박인환。
[3] 布鲁姆斯伯里: The Bloomsbury Group，一个英国20世纪初号称"无限灵感，无限激情，无限才华"知识分子的小团体。——译者注

受闲暇时光的幸福生活"。年轻人在梦中与凯恩斯争论的问题也正是这一部分。凯恩斯预言，人类在解决最基本的衣食住问题之后将会过上追求美好、真理、爱情的生活。然而，步入现代的今天，人们仍旧深陷"沉重的工作压力"之中，世界财富两极分化也愈演愈烈。世界已经从资本时代走进消费时代，可人们的生活离凯恩斯预言的"享受闲暇的时代"还有很大的差距。人们抱怨手头窘迫，抱怨时间不够，觉得生活暗无天日。我们的日子为什么变得如此艰辛？有人认为这是因为人们的头脑中产生了对资本主义"不敬"的念头，从而使社会内部的凝聚力消失，人们追求公益的精神也所剩无几。也就是说，现实中的市场被人类扭曲的欲望所歪曲了。

对于人类的欲望，凯恩斯在随笔中的描述如下：

"人类拥有两种欲望，即满足衣食住行等基本要求的绝对欲望和比别人活得更加优越的相对欲望。如果人类过于追求相对欲望，资本主义就会失去生存的空间。由于人类拥有要比别人活得更好的攀比心理，社会体制一旦失去公平公正，整个社会就充满被剥夺感和愤怒。如果真形成这样的社会，我们的生活就会变得更加不安定。"

凯恩斯似乎戳中了当下的弊端，听起来真有点可怕。

凯恩斯做出上述预言也已经80多年了。他希望人们超脱金钱的诱惑，然而人们远没有达到他所希望的境界。不仅没有达到，财富的积累反而成了社会的最高道德准则。这句话并非耸人听闻。凯恩斯当时就认为"将金钱视为生活的最终目标"是虚伪的道德准则，然而这个虚伪的道德准则如今依旧存在。如果凯恩斯还活着，定会失望不已。

从收入和增长的角度来看，凯恩斯的预测并没有错。他认为，如果不发生大规模战争或人口剧增现象，世界经济可增长4—8倍。事实上，在过去的70年里，世界人均收入确实增长了4倍。1930年，产业部门的劳动时间是每周平均 50 个小时，如今工人的每周平均劳动时间仅 40 个小时。凯恩斯"一周只需工作 15 个小时"的预测仅仅是根据常识性推测做出来的。根据边际效用递减定律，收入增加了，可人们对生活的满意度反而下降了。就整个社会而言，生活越富裕，收入带来的满意度越低，享受闲暇的相对价值则越高。因此，凯恩斯认为比起工作，人们将来更倾向于享受闲暇。

心绪交织，思路错杂。我信步走到门厅随手捡起了今天的晨报，报纸的经济版面充满了对财富的无尽欲望和严酷的劳动力市场故事。这些新闻似乎都在嘲笑凯恩斯的预言。社会生产力已经发展到这个地步，可我们为什么还不觉得满足呢？到底拥有多少财富人们才会感到幸福呢？

我想通过这本书去探索一下我们的欲望和现实之间的偏差。诺贝尔经济学奖是 1969 年开始设立的，我打算通过诺贝尔经济学奖获得者的观点，多角度地观察他们的理论对现今经济和我们生活的影响。我抱着世界经济学界的泰斗们总有一天会缩短凯恩斯的梦想世界和现实之间距离的希望，也抱着邀请那些经济慧眼与我们的读者坐在一起共同探讨改变我们目前越来越辛苦的生活的期望，欣然提笔撰写了这本书。我想把世界著名的经济学家邀请到与我们的生活息息相关的餐桌上来，轻松有趣地谈论我们的现实生活。想到读者们安安静静地围坐在餐桌旁聆听他们讲述生活智慧的情景，我的心已经激动不已。

写到这里，我想再次回味一下凯恩斯随笔中我最喜欢的一段话：

"当财富的积累不再具有高度的社会重要性时，我们原先的道德准则就会发生重大变化。我们将摆脱过去 200 年来如噩梦般困扰我们的那些虚伪的道德准则，在那些虚伪的道德准则下，我们一直把人类品性中最令人厌恶的东西抬举为最高尚的美德。如今，我们终于能够正确评价金钱的价值了。"

[中文版序言]

获得诺贝尔奖的经济学家的清幽香气和生活智慧

距新冠肺炎疫情暴发已经过去两年了。从亚洲金融风暴到国际金融风暴，再到新冠病毒全球大流行，世界经济历经接踵而来的灾难，如今刚刚步入复苏期。世界经济也许是在靠着几个主要国家天文数字的流动性解法而苟延残喘。2020年3月19日，韩国股价创历史最低点，现在已经大幅上涨，但人们还在担心美国股价和全球房地产价格的飙升会引发资产膨胀这一新的不平等现象，并成为又一场经济危机的导火索。本书中的经济学家们往往是从"科技在迅猛发展，可人们的生活为什么没有好转"的提问开始研究经济学的。每位诺贝尔经济学奖获得者都从经济学的观点出发，从经济学的角度展望了我们未来经济生活的前景。22位经济学家散发着各自独特的"幽香"，我想追随那些"幽香"倾诉我对这个世界和身边人们的看法。幽香在英语里叫作"scent"。我很想"闻"着诺贝尔经济学家们散发的阵阵"幽香"，与读者们共享在餐桌上也能谈论的经济学奥秘。

第一部分，Soul of Life and Economy，即有关生活和经济的灵魂的话题。在政府与市场这两个环境下能否形成既暖心又理性的政策呢？我们能不能克服市场万能主义，设计一个更自由、更繁荣的市场？我想以这样的观点展开讨论。我想告诉读者，经济学并不是令人心寒的学问，恰恰相反，它是一门暖心的学问。

第二部分，Challenges Facing，即有关我们所面临的挑战的话题。不知从什么时候开始，"持续的经济停滞"成为一个人们耳熟能详的词汇。尽管经济每年都在增长，可人们的生活却变得越来越艰难。我们身边的很多人都痛恨如今令人心寒的社会，而在怀念过去饥寒交迫的生活。我们的确生活在由过度竞争导致的"囚徒困境"中，这不能不说是令人悲伤的现实。拒婚、晚婚现象正在蔓延，单身族越来越多，高昂的房价令年轻人困惑不已。看数据这个也增长，那个也增加，可两极分化却愈演愈烈，这是为什么？一方面单身主义在蔓延，可另一方面政府又鼓励多生多育，并为此收缴一胎税，这又是为什么？我很想跟读者们一起谈论有关挑战传统经济学的话题。

第三部分，Economy and Ethics，即有关经济与道德的话题。这是充分利用各种经济学基本原理，正视现实，理智生活的故事。经济与人们的心理活动息息相关，在任何时候都是感染性强、饱受热议的话题。在这一部分我想跟读者们谈论一下如何克服经济活动中的悲观主义，分析一下我们反复失败的原因，还想谈一谈为了实现经济的良性循环，我们必须做出什么样的努力等问题。

第四部分，Nation Building，即有关如何建设国家的话题。政府的失败不亚于市场的失败，会给经济生活带来巨大的损失。我们必须摆脱始于善意但最终导致恶果的意识形态经济理论。经济还是要走实用主义的道路。在这一部分我想通过对国家管理与企业经营的区别点、好的国家制度、摒弃善心经济、良性教育投资等主题谈论有关强国富民的话题。

第五部分，Technology and Innovation，即有关技术与创新的话题。数字经济的钟声早已敲响。在中美技术竞争日益加剧的今天，我们应该选择依靠自己的力量，充分利用网络互联的力量，以善解人意的精神和追求创新的想象力，不断实践微小的革新。这才是国家繁荣的关键所在。

通过这次中文版的推出，我真诚期盼读者们多多享受现实生活中暖心经济学的"幽香"，更希望读者们的餐桌更加丰盛、钱包更加厚实。在此，我向推出中文版的中国天津星文文化传播有限公司表示由衷的谢意。

——《餐桌上的经济学》作者、蔚山广域市经济副市长赵源敬

第一部分

生活与经济的灵魂

(Soul of Life & Economy)

在全球性的低增长、两极化、高债务影响下,人们的经济生活变得日益窘迫,经常感到处境艰难。在低增长时代,我们应该随着环境的变化改变生活方式,可是说起来容易做起来难。面对如此情况,我们应该如何选择、取舍呢?

第一部分从多个角度分析为了幸福我们应该坚持什么样的生活态度、如何做好有助于人类生活的暖心市场设计、如何选择更自由的生活方式、美好生活的第一选项应该放在什么地方等问题。

[幸福是如何测定的]
保罗·萨缪尔森的幸福方程式

保罗·萨缪尔森(Paul A. Samuelson,1915.5—2009.12)

保罗·萨缪尔森,第二届诺贝尔经济学奖获得者,是集古典学派微观均衡理论和凯恩斯宏观经济理论为一体的新古典综合的集大成者。萨缪尔森出生于美国印第安纳州,1935年毕业于芝加哥大学,获得哈佛大学博士学位后,担任麻省理工学院经济学教授。萨缪尔森将微分、积分等数学理论引入经济学,使经济学的动态分析和静态分析系统化。他还用数学方式证明了公共产品所具有的非排他性和非竞争性,由此得出这些公共产品必须由政府来生产而非民间生产的结论。他不仅为有效市场假设理论做出了贡献,也给福利经济学留下了很深的印记。在学术争论上,他反对米尔顿·弗里德曼(Milton Friedmann)的完全市场经济理论,主张具有合理规制的市场经济优于完全市场经济。

人们喜欢看《请回答 1988》^①的理由

世贸组织（WTO）预测 2022 年世界贸易增长率为 4.7%^②（以物流量为准）。俗话说得好，谷越深则山越高。2020 年世界贸易增长率因新冠疫情的大流行创下了 −5.3% 的最低纪录，2021 年有望上升到 10.8%。未来仍然不容乐观，对增长率的期望值仍趋下调。人们都喜欢站在自己的角度上看世界，随着这些数字的下降，很多人认为这个世界会变得越来越险恶。最近的这些社会现象与电视剧《请回答 1988》中双门洞^③居民的生活情景截然不同——现在人们的收入比 1988 年明显增长了，可为什么很多人觉得现在的生活比那个时候还要艰辛？是因为对经济增长的期待值下降了吗？似乎不止是这样。是因为自己所站的角度不同，从而看待世界的视角和心情也发生了变化吗？那么从那时到现在我们所站的地方的景物到底发生了多大的变化？

《请回答 1988》里有一首插曲，是韩国歌手晚霞演唱的《我们在一起》^④，

---

① 《请回答 1988》：韩国的一部电视剧。——译者注
② 此预测基于 2021 年 10 月世贸预测数据。——编者注
③ 双门洞：韩国首尔地名。——译者注
④ 《我们在一起》：歌曲原名함께。

歌词描述的是一位不知名的诗人的乡愁：

虽然我无法改变这纷繁芜杂的世界，
但我相信幸福的日子总有一天会来到。
因为我们在一起呼吸，
因为我们都在一起活着。
这就是我们的生活。

若将此歌当作一般歌曲来哼唱，歌词的含义显然过于沉重。尽管生活不尽如人意，可只要大家在一起就可以克服困难，在相互安慰之中继续生存下去。但不知从什么时候开始，这个世界在我们眼里不再温暖，而是充满了各谋其生的险恶。现实中，很多人把长辈原本出于爱心的劝告当成是喋喋不休的"狗屁哲学"，把年轻人出于进取的"呐喊"讽刺为"壮志已死"。这样的世界实在是令人遗憾。

眼下整个世界患上了两极化、年轻人失业、经济增速下滑、老龄化的"疲软症"。如果有经济学家以"冲突与愤怒"的药方来治理这一症状，那么他肯定会成为诺贝尔经济学奖最有力的竞争者。然而这并不是解决问题的最佳态度，我们应该像《我们在一起》的歌词里说的那样互相帮助、互相关怀，实现温馨的社会，这才是正确的前进方向。

韩国已经超越了国民人均收入 3 万美元的时代，媒体天天在报道我们的增长率又提高了多少，然而，这些宣传与国民的切身感受南辕北辙，显得苍白无力。这是为什么呢？2006 年国民人均收入首次突破 2 万美元大关，12 年过后的 2018 年又突破了 3 万美元大关。可在"新冠"疫情下，经济增长率却很难突破 3%。我们还不能以"世界经济面临困境"的理由来把目前的经济状况合理化，更不能以过于悲观的态度来看待现状。2015年，人均国内生产总值（GDP）与经济增长率高于韩国的国家只有瑞典、爱尔兰、冰岛、阿联酋、卡塔尔和卢森堡6个，而这些国家的共同特征是它们都是小国。在世界贸易额每况愈下的当今，以出口为经济支柱的国家要实现GDP高速增长恐怕是难上加难的事情了。

越是怀念经济高速增长的过去，就越觉得幸福离我们远去了。不丹的国民幸福指数、联合国（UN）的人类发展指数、经济合作与发展组织（OECD）的幸福生活指数等都是为了打破量化的GDP概念所具有的局限性而提出的国际性研讨议题。20世纪GDP的强大影响力如今日益衰微。国际组织和包括法国、美国、加拿大等国在内的各国政府正在努力制定超越经济成果的，以测定和增进生活质量和幸福指数为目标的替代性指数。

存在于世上所有事物中的"明"与"暗"

在经济增长遇阻的情况下,有没有进一步改善国民生活的方法呢?中美洲国家的国民在物质生活不充裕的条件下也能露出满意的笑容,从他们的生活来看,收入和幸福生活之间似乎并不存在绝对的正比或反比关系。面对艰难的生活环境,很多人高喊:"经济学家们回答我,这是怎么回事!"你想要什么样的经济学家来治愈当前世界经济的疲软症状并安慰现状下的自己呢?下面,我们邀请充满成熟的和谐理论和节制气息的保罗·萨缪尔森谈一谈有关这方面的问题。

萨缪尔森虽然毕业于重视市场经济的芝加哥大学,但他仍然支持重视政府介入的凯恩斯经济学。作为新古典学派的集大成者,萨缪尔森一向注重世界上各种不同的声音,并没有偏向于某一方的理念。作为一个经济学家,萨缪尔森可以说是一位将各种不同的乐器组合起来并演奏出一曲美妙旋律的管弦乐团指挥家,是一个能够准确把握右手(保守)和左手(进步)作用的优秀的经济学家。

萨缪尔森一向强调市场和国家各自应有的作用,那么贯穿他这一经济理论的哲学思想又是什么呢?以前的经济学家大多试图以方程式的简单解法解释经济问题，只有萨缪尔森提出，解决世界经济问题存在着多方面视角的差异。从他的身上我们能够"闻"到将诸多问题巧妙地融合起来去研究的"幽香"。

仔细观察世上的各种现象，我们不难看出万物都存在着正反两面，有些人称之为"明与暗"。萨缪尔森很早就已经看出，世界经济除了全球化这个"明面"之外，还存在着两极化的"暗面"。他指出，资本家或训练有素的专业人员可以作为全球化的受益者获得巨大的利益，可与此同时，非熟练工或蓝领阶层有可能因全球化而失去工作或难以增加收入。萨缪尔森还警告，美国也不例外。随着全球化的推进，利益和损失之间容易失衡，美国社会也将面临不公平现象愈演愈烈的局面。全球化和技术进步虽然存在对人类发展做出巨大贡献的积极的一面，但它也有夺走工人的工作岗位、降低工人的工资水平，从而造成财富两极分化的阴暗的一面。

所有的不幸始于攀比

萨缪尔森把幸福简单地定义为"占有除以欲望（幸福＝占有／欲望）"。决定幸福的两个因素是占有和欲望，当欲望达到一定程度的时候，占有量越多则幸福值越高；当占有量达到一定程度的时候，欲望越小则幸福值越高。但这里有一个疑问，我们在第一次接触经济学教科书的时候看到书里写着：所有的经济问题都是由无限的人类欲望和有限的资源之间的矛盾引起的。如果人类的欲望是无限的，那么按照萨缪尔森的公式来说，幸福只能是零。由此看来，萨缪尔森似乎并不认为人类的欲望是无限的。引发人类欲望的也许是资本主义固有的周期现象。但不可否认的是，人类为满足欲望而付出的努力就是促进物质生活像今天这样进步的主要因素。那么，萨缪尔森到底想告诉我们什么道理呢？

那就是对人类贪欲的警告。他告诉我们，无论个人拥有多少，只要欲望过度变成贪欲，任何人都会变得不幸。面包吃饱了就不想再吃，可金钱不一样。就连叔本华也曾说："金钱就像海水一样，越喝越渴。"揭露了人们对金钱的无限欲望。美国出现的将富裕和流感合为一体的新词"富裕病"（Affluenza）更直接说明了这个问题。看看那些沉迷于消费和因过于富裕什么都不想做从而变得冷漠的人们，他们都是不懂得真正的人生价值的一代人。通过"富裕病"我们也能看出，是否幸福不一定取决于收入水平。

所有的不幸皆始于攀比。如果我们过度追求满足自己由相互攀比而产生的相对欲望，那么，个人和社会都会变得不幸。在补偿原理盛行的资本主义体制下，无理指责通过正当的奋斗和努力而赢得财富的人是不正确的，自觉承认彼此的差距才是对精神健康有利的行为。只是我们还需注意国际货币基金组织（International Monetary Fund）和经济合作与发展组织（Organization for Economic Co-operation and Development，简称经合组织）主张的"财富两极化和分配不均正在阻碍经济的发展"。推动世界进步的基本原理不公正，少数人拥有过量财富，先不说这种现象的合理性，就是与亚当·斯密（Adam Smith）所憧憬的理想社会也是格格不入的。

也许有人批判萨缪尔森的"占有是幸福的前提条件"是拜物主义，可在现代社会不可能存在零占有的生活。我们占有的目的就是为了幸福，换句话说，我们干活的目的就是获取经济利益，从而实现占有。因此，创造保障基本生活的工作岗位和构筑稳定的社会机制，成了国家需要解决的重大社会问题。

世界卫生组织（WHO）把人类预期寿命两极化看成与财富两极化同等重要的问题。事实上，生活在伦敦、芝加哥、纽约的富人的预期寿命远高于生活在同一地区的穷人的预期寿命。英国国家统计局的资料显示，富裕阶层的孩子与出生在贫民区的男孩，平均健康寿命相差20多岁。更引人注目的是，城市贫民区男性的平均健康寿命为52.2岁，竟然比贫穷国家卢旺达的55岁还要短。定期体检所需要的钱也是决定寿命长短的一个不可忽略的因素。正因如此，也有学者指出，金钱所带来的沉重压力在严重威胁低收入者精神健康和自尊心的同时，还损坏了他们身体的免疫系统。

让我们来看看美国经济学家理查德·伊斯特林（Richard A. Easterline）关于幸福、需求、收入之间关系的悖论："随着收入的增加，基本需求得到满足后，收入将不再是左右幸福的重要变数",这就是"伊斯特林悖论"的核心。目前经济学界对这个学说仍有争论。伊斯特林至今仍主张自己的观点是正确的。他认为，过去70年，美国人的个人收入虽然增加了，但幸福指数已经停滞不前甚至下降。

那么，幸福指数为什么停滞不前呢？随着收入的增加，在绝对需求的刺激下，人们想拥有的物品品种有可能会增加，比别人过得更好的相对需求也会增加。生活水平提高，我们就想购买人人拥有的汽车，购买上好品牌的智能手机，不知不觉地陷入攀比的泥潭。也有人主张，比这个更严重的问题是，有些人因基本需求受挫而感觉不到幸福。从世界范围来看，大城市的居住成本对普通人来说是一项非常高的开支，平民和初入社会的年轻人早已在沉重的债务压力下疲乏不堪，对他们来说，幸福已经消失得无影无踪。这并不是危言耸听。

"囊中羞涩心事重"

也有人提出反对意见——幸福不一定取决于收入等外因，在很大程度上也会像开朗的性情一样受遗传因素或主动追求幸福的努力程度的影响。还有人说，为了变得幸福，应该进行练习。"幸福取决于决心""幸福在于自我满足"，这些话讲的就是这个道理。歌德说："囊中羞涩心事重。"这对没钱的人来说无疑是引发共鸣的一句话。孟子也说过："无恒产者无恒心。"无论古今中外，这些名人名言似乎都代表了因没钱而陷入窘境的平民心情。

也许出于这个原因，最近世界经合组织提出的包容性增长（Inclusive Growth）理论备受人们的关注。目前，在国家层面上存在着发达国家和发展中国家，在企业层面上存在着大企业和中小企业，在性别上有男性和女性，在就业问题上有老练的中年人和刚刚步入社会的年轻人，其中发展中国家、中小企业以及女性和年轻人群体构成相对弱势阶层。所谓包容性增长理论，是支援这些相对弱势阶层，并使之与强势阶层共同发展的理论。这个理论的宗旨是在重视经济发展的同时，消除社会上的各种不平等，追求各阶层的均衡分配，提高社会所有成员的生活质量。该理论由"收入、就业、健康"三个判断标准和"教育、环境"两个因素组成基本框架。对幸福的争论当然要包括这些标准和因素，朝着提升生活价值的方向开展下去。

二十国集团（G20）峰会也提出了解决金融危机后持续的低增长、高失业问题和提升经济发展潜力的方法。作为实践方法，他们提出的三个"I"似乎是可行的。所谓"三个I方法"是以各国的经济增长为目标而提出的"结构改革的履行"（Implementation），为应对购买力下降而提出的"投资优化"（Investment），为解决年轻人失业、扶持中小企业、支持发展中国家而提出的"包容性增长"（Inclusiveness）。

现在我们再看看稍作变动后的萨缪尔森幸福方程式。我们把萨缪尔森的"幸福＝占有/欲望"变动为"幸福＝实现/期待"会怎么样呢？如果"期待"是一定的，那么"实现"越大越幸福，或如果"实现"是一定的，那么"期待"越少则越幸福。也许有人会抱怨，经济低迷时期，即使存钱也得不到相应的回报，如果大学毕业找不到工作，连读书成本也收不回来。这句话不是没有道理的。目前世界经济处于既无法保障高利息回报，也无法充分提供适合年轻人的工作岗位的窘境。然而，只要明智地解开幸福方程式，就不会被传统的思维方式所束缚。社会为人们提供相应的就业机会固然重要，但如果我们停留于过去的那种期待，只能离幸福越来越远。现在是整个社会发生急剧变化的时代，从整个社会角度上看，在经济利润率明显下降的年代，过度的竞争是不可取的。比如，经过激烈的竞争考入大学，进入大学以后又付出高昂的成本，好不容易毕业，可毕业以后却找不到合适的工作。当然，任何人都会想找回"读书成本"，可如果我们让期待值很高的人降低就业眼光，得到的只是"我为什么要降低自己的身价"的回应。由于现实和期待值存在着一定的差距，因此出现企业招工难、年轻人就业难的现象，由此又导致用人单位和应聘人员难以匹配的结果。年轻劳动力资源的浪费对个人、对社会、对国家都非常不利。

高速增长时期的雇佣体系已经不符合全球化、技术发展的趋势，很难继续存在下去。同样，在过去的雇佣体系中获得的预期收益率已经不可能再实现。由于高速增长时期升学率并不高，因此年轻人大学毕业不用为找工作发愁。然而，在一半以上的高中生都能上大学的今天，大学毕业生很难找到称心如意的工作。现在与其对就业抱有过高的期待，不如降低眼光，把目光转向立足于现实的就业、创业、海外就业等方面。

中国也在抛弃过去的高速增长战略。世界经济的增长在很大层面上也得益于中国经济的高速发展及其实现的繁荣成就。眼下年轻人都应根据企业的需求和自己的志向去寻找适合自身发展的就业岗位，而不是一味追求"大学升学"。企业和政府应该朝这个方向引导年轻人。企业应当对人力资源赋予更高的价值，政府也应该通过预算和税制来扩大雇佣机制。现在的年轻人在家里是在父母的溺爱中长大，可步入社会却无人为他们撑起就业保护伞，这就要求老一代人对这些年轻人的关怀和特殊照顾要同步跟上。世上无难事，只怕有心人。只要我们风雨同舟，齐心协力，我们一定能改变现状，创造美好的未来。

[市场是可以设计的]

埃尔文·罗斯的匹配理论

埃尔文·罗斯（Alvin E. Roth，1951.12—）

埃尔文·罗斯是市场设计、博弈论和实验经济学的集大成者。高中时期，埃尔文以缺乏读书动力为理由退学，后来经过自学进入哥伦比亚大学。在哥伦比亚大学毕业后又在斯坦福大学获得运筹学硕士、博士学位。2012年，埃尔文·罗斯以稳定分配和市场设计研究，与洛杉矶加利福尼亚州立大学的罗伊德·沙普利（Lloyd S. Shapley）教授共同获得诺贝尔奖。埃尔文·罗斯认为不管是什么市场，都需要设计和稳定的分配。他认为自由市场没有规则的主张是不合理的，如果有扭曲或错误的地方就应该予以纠正，并用新的规则来建立市场。

拯救生命的并不只是医生和军人

2015年韩国演艺界出现了一个全方位发展的男演员，曾经被人们誉为"世上独一无二的暖男"的他，在部队服兵役后退伍回家了，这个让广大女粉丝疯狂的小伙子，就是在韩国广播公司（KBS）制作的电视剧《太阳的后裔》中扮演男一号柳时镇的演员宋仲基。这部电视剧不仅在韩国广受追捧，在包括中国在内的亚洲其他地区也好评如潮，男主角宋仲基也因此成为风靡亚洲的当红演员。下面让我们看看人们对柳时镇的不同评价吧。男人们看了之后写了一首打油诗"幼稚无聊的小子／令人恶心的小子／虚伪做作的小子"以贬低柳时镇，可女人们却把这种现实中不存在的童话中的人物看成是罗曼蒂克般的存在。对于看剧一小时、聊剧三小时的女人们来说，只是看一眼柳时镇的面孔就能感到莫大的慰藉，也能得到心理上的满足。她们也写了一首打油诗表示对柳时镇的爱慕："能说一口流利英语的帅哥／性格豪爽的真正的男子汉／颜值冲天的上尉。"

也许每个人的看法都不一样，可这部电视剧在唤醒人们的爱国心和对生命的敬畏感方面应该说是可圈可点的。有些台词虽然肉麻，但整体上看，剧作里的台词以作家独特的风格让观众反复回味。与柳时镇热恋中的姜暮烟作为地震灾区的一名医生，拯救了一个又一个生命。在艰难的经济条件下给女人带来幸福，尽管自己寒酸不堪，但男人还是为自己能够尽到男人的义务而感到骄傲。电视剧描写的是在陌生的地方、极端的环境中，梦想爱情和成功的年轻军人和女医生的人生价值，是一部令人心旌荡漾的作品。姜暮烟和她的军人恋人柳时镇有一个共同点，那就是他们都是拯救生命的人物。电视剧通过天天从死人堆里救出一个又一个生命的女人和以一个人的牺牲来守护更多生命的男人，使观众再次思考生命的珍贵。

守护生命的并不只是军人或医生。如果说守护生命的还有经济学家，人们一定会感到惊讶。法国重农主义经济学家弗朗索瓦·魁奈（Francois Quesnay）是医生出身，他以医学经验为基础试图制作一个"经济表"，给人们展示经济的整个发展趋势。然而，由于他将创造附加值的阶层只限于农民，将未来产业的动力看成农业，因此犯下了未能准确把握经济发展趋势的错误。

300多年后的今天，竟然真的出现了拯救很多生命的经济学家，他就是利用数学原理推出博弈论，并以此扩大肾脏移植机会的埃尔文·罗斯。埃尔文·罗斯主张，我们应该更看重像人体器官交易市场那样被人们投以白眼的"厌弃市场"（Repugnant Market）。让我们回顾《太阳的后裔》中谁都不愿意去的假想灾区"乌鲁克"，观察一下作为经济学家的罗斯如何做出拯救那么多生命的壮举。

为什么要看重"厌弃市场"?

罗斯所说的"厌弃市场"是就像脏器交易、同性婚姻、毒品交易等虽然受到一些人的"青睐",但整体上看是被社会所唾弃的市场。就拿肾脏交易来说,全世界除了个别国家以外,其他国家都把这一交易认定为违法交易。人们并不反对给病人移植肾脏,但对花钱买肾的行为却持否定的态度。罗斯认为,如何在合法合规的情况下,满足一些人迫切需要的交易,正是经济学家所要研究的课题。电视剧里的医护人员在地震这一可怕的灾难中不顾自己的安危去拯救患者,如果说这种跨越国境的服务行为是罗斯在经济领域里的成就的体现,是否有些夸张呢?让我们观察一下罗斯充满"拯救人类的一片爱心"的市场设计的理论根据。

在谈论肾脏移植问题之前,我们先用简单的数学原理分析一下男女之间稳定的"匹配问题"(Matching)。罗斯的匹配理论是以合作博弈论(Cooperative Game Theory)为基础的。合作博弈论具有"从共同利益的角度去选择最佳结果"的特点。下面我们从理论上探讨一下面对人数相同的男女两个群体,在任何时候都不发生差错的稳定的前提下,如何寻找稳定的配对方式。世上有无数对男女情侣，然而谁都不敢保证所有的情侣都对自己现在的另一半感到满意。因为不少人总觉得别人家的蛋糕比自己的大，因此男女关系总是容易处于不稳定状态，男女之间总是朝三暮四、见异思迁。

我们假设有人气度非常高的一对男女柳时镇（A）和姜暮烟（B），和人气一般的一对情侣 a 男和 b 女。这四个人如何组合才能形成最稳定的社会关系呢？这里既有两个人气高的男女配对（A–B）、两个人气一般的男女（a–b）配对的可能，也有相互混合配对的可能（A–b，a–B）。当然在电视剧里是 A–B 配对模式，可现实中也会出现不同的配对模式。很多亚洲女性都患上了"柳时镇相思病"，如果柳时镇向她们求婚，她们会乐得合不拢嘴的。从结论上说，为了最稳定的社会秩序，应该是 A–B、a–b 组合。应该说这是常识问题。

在这种状况下，从理论上讲结果有四种可能。如果柳时镇与 b 组成一对，则柳时镇一辈子过着暗恋姜暮烟的日子；同样，对自己的恋人 a 不满意的姜暮烟也总想有一天与柳时镇再结合。如果两个人真的以与电视剧情节不同的组合配对，那么，结婚以后很可能会导致出轨。也就是说，最后的结果是两对情侣分道扬镳的可能性非常大。如果一开始组成 A–B、a–b 模式，a 和 b 虽然觉得有些不如意，但至少不会出轨。因为满足于现状的 A 和 B 不会因为 a 和 b 而分心。2012 年获得诺贝尔经济学奖的罗斯提出的这个博弈论被人们誉为"传统婚姻计算程序（解决问题的具体步骤或方法）"。所谓的稳定婚姻状态，指的是与配偶以外的异性不存在眉来眼去的情况。

用博弈论解决肾脏移植难题

现在我们再把匹配问题转移到肾脏移植上来思考。罗斯还考虑过肾脏移植过程中捐赠者和受益者之间的匹配问题。虽然柳时镇和姜暮烟的粉丝们听了可能会生气，但我们还是假设若干年后，姜暮烟不幸患上了必须接受肾脏移植手术的一种病。当然我们的偶像——姜暮烟的丈夫柳时镇哭喊着要给妻子捐赠肾脏。然而，糟糕的是两个人的血型不一样，姜暮烟只能寻找别的肾脏捐赠者。从医学角度来讲，捐赠者和受益者之间在各个方面总是存在着很多差异的。为此，罗斯考虑到捐赠者和受益者的其他条件，研究出了最有效的移植手术匹配方法。

罗斯在美国用经济运算法发明的给肾脏捐赠者和需要移植肾脏的患者牵线搭桥的程序，取得了显赫的成果。也就是说把匹配理论应用到了肾脏移植理论。不同于姜暮烟和柳时镇两人的情境，肾脏捐赠者人数和患者人数比想象中多得多。罗斯需要设计出与人体器官市场的买卖行为截然不同的"不用金钱交易的运算方法"。

这里我们用韩国和美国的肾脏移植市场进行假设。通过互联网开展肾脏移植交换项目始于 2005 年的韩国，在国际上处于领先地位。韩国的血型分布与美国相比客观上占劣势。美国人 O 型血占全美人口的一半左右，可韩国人 70% 是 A 型、B 型、AB 型。O 型血可以给任何血型的患者移植肾脏，可 A 型血只能给 A 型血的患者移植肾脏，B 型血只能给 B 型血的患者移植肾脏。因此，如果把美国和韩国的捐赠者和受益者加在一起，就可以实现更多的匹配，需要肾脏的韩国患者也更容易得到肾脏捐赠。

如果韩国和美国共同制订肾脏交换计划，就会形成国际肾脏交换市场，肾脏市场设计也就变成了可能。纽约和首尔之间的飞行距离为 14 小时，姜暮烟只须在韩国的一家医院等待，只要美国的肾脏捐赠者飞到首尔，姜暮烟在 14 小时以后就可以接受肾脏移植手术。罗斯以这种方式整合分散在全美各地的肾脏移植中心，让许多人重获新生。电脑和互联网的发展也算是为挽救生命做了一份贡献。

研究现实市场的经济学家

当《太阳的后裔》的剧情进展到一半时，尹明珠中尉被一种致死率很高的病毒感染，牵动了观众的心。明知恋人患上传染病，可徐大荣上士还是毫无顾忌地上前紧紧拥抱尹明珠，这一情节使观众再次流下感动的泪水。

提到病毒，我们再看一看医生和经济学家的作用。我们不能因为医生没有提前发现禽流感或者未能治愈患者的病症而解雇医生，疾病蔓延越快，我们越需要医生。我们更不能因为经济学家没有提前预测严重的经济危机，或者拿不出改善失业率、通货膨胀等经济问题的方法而说他们没用。就像在电视剧中，因患传染病而被隔离的医生宋尚贤在被隔离期间研究治疗方案一样，经济状况越严峻就越要重视经济学家的作用。罗斯正是忠实于经济学家作用的一个人，我们应该牢牢地记住他的功绩。

罗斯强调，在贫富差距较大的社会，政府必须牢牢地把握住每个人向更高的社会地位前进的梯子。罗斯主张在认同富人存在的同时，还要把握住穷人变富的机会，要设计好为他们提供机会的市场，并时刻反省市场设计中存在的问题。他十分重视适当的市场设计和社会制度的必要性。如果一个社会机会不均等，必然会动摇民主主义基础。

罗斯还将这一匹配理论应用到了学校的合理配置上。因为他觉得美国社会变得越来越不平等，教育就是原因之一。他为贫困地区的孩子们只能就读于教育质量较差的学校的现实感到惋惜。如果他们的选择权得不到保障，阶层之间流动的可能性就会减小。为此，罗斯设计出学生的偏好和学校的偏好合理匹配的市场，于2003年应用在纽约市公立学校的配置制度中。

以前实施的是学生填报指定的5个学校后由校方挑选学生的方式，这样的方式引起了学生和学校双方的不满。为此，罗斯设计出了学生只要填报一个学校，各学校则在定员限度内录取该学生的方式。如果有落榜的学生，就给他一个重新填报的机会，直到最后一个学生入学为止。罗斯的理论优越在哪里呢？一个学生入学，重要的并不是家长和学生看好哪所学校，也不是进入哪所学校的概率有多大，而是消除学生心理上的唯恐上不了自己希望的学校的不安感、恐惧感和忧虑心理。只有这样才能做好学生和学校的匹配。罗斯还将这一匹配理论应用到了专职岗位的招聘求职系统中。

股票交易市场上的关键一环是以多少钱购入再以多少钱抛出的问题。在市场经济中，作为购买者，总想以最低价购进；作为销售者，总想以最高价售出。也许这就是无限竞争条件下的必然结果。在市场上，我们有时候被商家宰客，但如果是常客，会得到商家的一些优惠，如卖货的大姐赠送的一块饱含情意的糕点。因此，市场既是令人高兴的地方，同时又是令人生厌的地方。罗斯并没有把市场看成充满善意的地方，但他也没有放弃设计好市场使之接近善意的希望。

罗斯生活在人们厌恶的市场中，他的研究对象是与理想存在着一定距离的现实中的市场。他说：

"精心设计运作正常的市场是经济学家的职责，在这一点上我们与工程师别无二致。即使是无法分享的财富，也有必要研究一种既能效用最大化又能合理分配的方法。我们不妨想想医院在安排实习生的时候，或在做肝脏移植的时候会选择什么样的患者。我们不能只考虑最优秀实习生的偏好，也不能只考虑最富裕的患者的偏好。匹配市场并不是有钱就能买到相关商品的市场，而是只有条件匹配的条件下才能买到相关商品的市场。虽然不能满足所有人的需求，但尽量设计一个对任何人都有一定帮助的理想市场，就是我的目标。"

为实现更大繁荣的市场设计

罗斯很好地说明了数学对产业和人类的影响。像罗斯那样做好市场设计，就能给数百万、数千万人带来幸福生活。为了更好地理解罗斯的厌弃市场理论，我们来看看当今社会最令人生厌的一种物品——毒品。从经济学观点上说，规制合法市场要比规制非法市场轻松得多。罗斯认为可卡因交易并不会因为人们的反对而消失，他主张作为经济学家应该以各种模式去调查一个问题的正反两面。

"在中世纪，放贷收利息是非法行为，可现在放贷收利息成了合法的经济行为。看看最近网络上屡屡出现的侵犯隐私案，不难看出互联网上又出现了一种新的厌弃市场。当个人或国家做出某一决定时，首先必须好好分析对那种市场合法化还是非法化、是否对其进行规制等问题之后再进行市场设计。"

每个人对自己的人生都有不同的设计，但与心爱的人组建家庭，过一辈子幸福生活的愿望是所有人的共同梦想。罗斯在设计市场的时候也许未能全面反映人们的这一理想，可他是一个告诉我们"钱并不是成功的尺度，经济学是为人类谋福利的学问"的经济学家。可以说他是经济学界的"太阳的后裔"。

"市场设计是给更多的人带来福利的职业。我很想通过肾脏移植市场设计给那些外科医生们提供更多的帮助。拯救更多的生命是我作为一个经济学家的最大的快乐。"

　　罗斯的这句话非常感人。诺贝尔奖固然重要，但还有比诺贝尔奖更重要的东西，那就是生命。罗斯、柳时镇、姜暮烟都有一个共同的特点，那就是尊重生命。罗斯给枯燥无味的经济学注入了"爱心""尊重生命"等人性化的价值观。电视剧虽然结束了，可追求人间之爱的我们——"太阳的后裔们"，还应为了"实现更大繁荣"而设计更符合经济发展的市场。

[暖心经济学受欢迎的理由]
阿马蒂亚·森的"以自由看待发展"

阿马蒂亚·森（Amartya K. Sen，1933.11—）

阿马蒂亚·森是1998年获得诺贝尔经济学奖的印度学者，是测定贫困线数理模型的开发者。他提出了"个人的自由推动经济发展"的主张。作为专门研究不平等与贫困的大师，阿马蒂亚·森被称为"经济学界的特蕾莎修女"。森就读于泰戈尔创办的学校，自然而然地接受了尊重人权的思想。从20世纪70年代初开始，他就在福利经济学、经济伦理、收入分配等领域享有盛誉，并着手用数理模型——贫困指数（森指数）测定贫困的研究。

沙漠少女仍在哭泣

索马里曾经是非洲模范国家，可现在由于长期的内战，已经变成了秩序混乱的国度。2011年还发生过韩国三湖海运公司所属的一艘船舶在索马里亚丁湾海域被海盗劫持，最后韩国政府出动清海部队救出被劫船舶的事件。长达60多年的干旱使索马里严重缺乏食物，那里的人只能以海盗行为自救。在这种情况下，肯尼亚政府宣布关闭位于肯尼亚与索马里两国边境上的世界最大规模的难民营，这里居住着为逃避内战和饥荒而越境的50多万名索马里和南苏丹难民。

出生于索马里的世界名模、人权活动家华莉丝·迪里（Waris Dirie）在写给母亲的一封信中说：

"妈妈爱的是现在的索马里，而我相信的是未来的非洲。我在期待我们非洲人用自己的双手创造的自尊、自强的非洲。"

迪里出生于索马里沙漠的一个游牧民族家庭。5岁时，迪里与部落里的别的女孩儿一样接受了割礼。16岁的时候，父亲打算用她换5头骆驼，把她嫁给一个60多岁的男人。多亏时任索马里外交官的姨父的帮助，迪里逃离索马里来到英国，历经千辛万苦成为时尚杂志的名模，获得了国际声誉。后来她又移居纽约,与世界化妆品公司露华浓、欧莱雅签约,开启了一路高歌猛进的人生。

随着华莉丝·迪里活跃在国际舞台上,全世界都知道了女性割礼的残酷,联合国儿童基金会也为杜绝女性割礼而做出了努力。联合国也在2012年通过了有关禁止女性割礼的决议,并制定了到2030年彻底根除这一习俗的目标。眼下华莉丝·迪里遥望着非洲会想什么呢?如果她见到获得诺贝尔经济学奖的印度经济学家阿马蒂亚·森,她会说出这样的话:

"现在人类正享受着前所未有的富足生活,可地球上包括非洲在内的很多地方还存在着饥荒。仅凭经济上的援助就能消除饥荒吗?经济发展了,饥荒就能自然而然地消失吗?我不这么认为。要消除饥荒,必须实现经济、政治、社会、文化等各方面的均衡发展。我们必须废除虚伪的文化。很多像我一样的沙漠少女至今仍在哭泣。您应该清楚地认识到世界上还有2亿少女惨遭令人发指的割礼。所以我现在积极支持联合国制定的从2016年开始实施的可持续发展目标(SDG ,Sustainable Development Goals)倡议。"

2000年由联合国制定的未来15年间致力于消除世界绝对贫困和饥饿的千禧年发展目标(MDG,Millennium Development Goals)到2015年已经结束了。由于印度和中国经济的急速增长,极度贫困人数从1990年的19亿减少到2015年的8.36亿。世界银行将每天收入不足1.25美元、衣食住行仍未得到充分满足的人归类为绝对贫困阶层。让这样的绝对贫困人数减少到一半,不能不说是举世瞩目的成就。

如果说千禧年发展目标是将全世界贫困和饥饿人口减少一半,那么,从2016年到2030年实施的可持续发展目标则标榜"一个也不能少,实现全球共同富裕",展现出彻底消灭贫困和饥饿的决心。可以说这是与经济增长同步,实现社会、环境领域的均衡发展总体目标,也是具体的目标。可持续发展目标要求，从经济上通过基础设施投资消除贫穷；从社会角度上促进性别平等，消除种族歧视，减少社会分配不均等；从环境上消除煤炭、天然气、石油等全球变暖的因素，使用清洁燃料。联合国该如何引领全球去实现可持续发展目标制定的事关人类生存和发展方向的十七个目标，我们拭目以待。

专门研究不平等与贫困的经济学大师

阿马蒂亚·森在经济学界被称为"善良的撒玛利亚人",他往往用独到的哲学思维提出自己的发展理论。森是研究不平等和贫困的大师,他因用被人们称为"森指数"的指标进行贫困测定研究受到了学界的瞩目。他主张饥饿与贫困的根源不是生产不足,而是分配不公。在解决饥荒问题时,个人不应该是被动接受经济发展红利的受益者。他强调每个人应该成为能动的、自由行为的主体,只有人们的自由得到切实保障才能真正实现发展。也就是说,收入和财富的增加并不是真正意义上的发展,只有把人们的自由当作终极目标时才能实现真正的发展。对他来说,自由才是推动经济发展的动力。

所以他认为国家有义务制定让所有人都能实现自我的制度。当一个人想做某一项事业时,社会从制度上支持他去实现那项事业,那个国家就会成为更自由的国家。那个人事业成功之后,利用从中获得的利润给更多的人赋予做自己想做的事业的自由,森认为这才是可持续发展的意义所在。森还强调,要想做到这一点,必须要切实保障市场的自律性和民主主义。

森对发展有这样的想法是有原因的。1943年,当印度还是英国殖民地的时候，发生了饿死几百万人的孟加拉（当时还是印度的一个地区）大饥荒事件。小小年纪的森亲眼目睹了那场灾难。在研究了1974年孟加拉国的饥荒以及印度和撒哈拉地区的饥荒问题后，森意识到，自己幼年时期目睹过的饥荒虽有食物供给不足的原因，但更重要的原因是，无能的政府不能合理分配以及供给到位。当时饿死的人当中，大部分不是在农村种地的最穷的农民，而是城市工薪阶层。由于收成不好谷物价格飞涨，但城市工人的工资远没有谷物价格上涨快，于是他们失去了购买力。造成这样的现象，商人和富人囤积谷物，再加上印度其他地区考虑到谷物价格的上涨而禁止谷物出口是主要原因。

森认为，孟加拉大饥荒问题根源在于政府或相关经济部门将贫困层都看作一个整体。他认为根据不同的危机，对贫困层也应做相应的分类，分别制定适合各个贫困层的政策。一个国家即使整体收入很高，部分民众也有可能面临饥荒，处于较低的预期寿命状态；相反，一个国家即使整体收入水平很低，民众也可能处于预期寿命较高的状态，饥荒也不会那么严重。这就是我们在谈论饥荒的时候必须以更全面的视角对饥荒进行精确诊断的原因。

森分析，令人心痛的饥荒也许源自食物供给不足，但引发饥荒更重要的原因是不能合理地分配现有的食物。森是一位比任何人都重视市场作用的经济学家，可通过这件事情，他认识到，即使经济增长了，贫困阶层也不一定会减少。他认为要想做到合理分配，政府必须介入分配领域。提起"经济"，人们通常认为那是与道德、良心无关，没有血没有泪的冷冰冰的词汇，可在一生致力于研究贫困、不平等、饥饿问题的森的身上，我们却能闻到一股"暖心的香气"。

森认为，自由是人类社会要实现的最终目标。保障社会各部门充分的自由，我们便能享受更高水平的自由。他在经济理论上尊重市场机制，拥戴亚当·斯密的观点。他还认为保障经济自由的不是市场机制本身，而只有在市场活动参与者人人平等并都具有充分的自由的情况下，经济上的自由才能得以保障。我们有必要了解一下他对这一观点的信念。

"我们不能把发展目标仅仅定在收入或财富的增长上。因为收入或财富就像是亚里士多德说的那样'不过是生存条件或生存工具'。我们不能以这种理由把经济增长看成经济学研究的至高无上的目的。经济发展应该有助于提高我们的生活质量，应该有助于所有人享受自由。自由不仅使我们的生活更加富裕，从而扫除发展中的障碍，还能让我们实现自己的理想。自由是促使世界人民共同发展的不可抗拒的力量。"

让人们实现生活梦想的"有力的自由"

随着可持续发展目标的出台,有关共同发展的话题在世界范围内广泛展开,而要共同发展就离不开相互间的援助。对于援助的争论大体上有两个相反的观点。一是以《贫困的终结》[1]作者杰弗里·萨克斯(Jeffrey D. Sachs)为代表的提倡大规模援助的观点。20世纪50年代,出现了必须由西欧国家出面提供大规模援助,将极度贫困的第三世界国家从贫困中拯救出来的"大推动"(Big Push)神话。韩国也是通过援助发展起来的国家。千禧年发展目标也立足于同样的哲学。萨克斯主张如果富国从2005年开始持续20年向贫困国家提供1950亿美元的援助,就可以消除贫困。他坚信经济学应该为落后国家提出解决贫困和疾病问题的方法,并为落后国家摆脱贫困而做出努力。

二是以《白人的负担》[2]的作者威廉·伊斯特利(William R. Easterly)为代表的批判海外援助的观点。他反对援助可以使落后国家摆脱贫困的主张。他认为,海外援助容易使落后国家滋生腐败,并削弱那些国家的自治基础,因此,贫困问题只能依靠相关国家自觉引进自由市场机制来解决。也就是说,发

---

[1] 《贫困的终结》:原名 The End of Poverty,2006年出版。——编者注
[2] 《白人的负担》:原名 The White Man's Burden,2007年出版。——编者注

展合作政策必须从根本上转向伸张个人自由和个人权利的方向。他向提供援助的国家提出忠告，不要以援助为条件训诫或控制接受援助的国家。威廉·伊斯特利认为援助会终结贫困的想法不过是幻想，应该放弃。伊斯特利主张，只有基于个人的活力和企业家精神的发展才能取得成功。他提倡拓宽信息交流渠道，使需要人道主义援助的国家在市场经济原理下能够更广泛地获取供给者（救援组织）提供的商品。他还认为，与其以供应商为中心进行援助活动，不如向需求方提供代金券，以使需求方根据自己的需求去选择救援组织和救援活动。

那么，森到底偏向于哪一个观点呢？他既重视援助的数量，也重视受援国家的自由。当然，他更注重后者。但他说的自由并不是单纯止于不受拘束的那种自由，而是真正实现他们生活梦想的"有力的自由"。他认为经济发展的目的在于争取自由，而只有人们拥有享受多彩生活的力量时，人们才能享受真正的自由。

提出"森贫困指数"

森从20世纪70年代中期开始关心民众的现实生活，并着手研究测定贫困和生活质量的贫困指数。他认为凭现有的贫困率既不能准确了解社会的贫困状况，也不能了解贫困程度的高低。为了解决这个问题，他提出了表示贫困人数和穷人之间收入不平等程度的"森贫困指数"（Sen Index）。

森将毕生的精力投入到运用数学知识和统计方法研究长期被主流经济学忽略的贫困问题上，为贫困阶层早日摆脱贫困做出了不懈的努力。1990年联合国发表的人类发展指数（Human Development Index）也是根据森的观点而设计的概念。这个指数是根据国民收入，加上早期死亡率、预期寿命、文盲、医疗福利、教育等非物质因素而制定的。通常情况下，进步主义经济学家往往偏向于政府对市场的积极干预，森却是把市场经济置于政府之上去解决贫困问题的进步的自由主义者。

现在，让我们边回想华莉丝·迪里，边看看森的哲学思想。

"女性参与经济活动，其本身就是对女性的一种补偿。在家庭的决策中不反映女性的意见是不对的。伸张女性权益是社会变革的主要动因。看到孟加拉女性运动的成功，我欣喜万分。我认为消除女性在地域金融市场因性别歧视而遭受不平等待遇的现象是非常重要的。"

森将自己所获得的诺贝尔经济学奖奖金 760 万克朗①全部捐献给了创办少女学校的印度财团和为男女平等而付出努力的孟加拉财团。经济学家们称他是兼备敏锐的智慧和温柔的人性的"经济学界的良心""经济学界的特蕾莎修女"。这些称谓一点也不夸张。森是一个伸张正义、为打造公平社会而献身的人。可他并没有把正义看成一个独立存在的概念。他更主张"与其给正义下个完整的定义，不如阻止现实中能够看得到的各种不正义现象"。他强调"经济学不应以资本为中心，而应以人为本"，认为以人为本的经济增长才是真正意义上的发展。他不愧是一个暖心经济学家。

森经常指责印度官员执着于经济增长率的做法。他认为必须站在宏观角度上观察被高增长率所掩盖的贫困和不公平等社会问题。他批评说，印度执着于赶超中国的经济增长率是非常愚蠢的举措。他认为盲目地与中国进行经济攀比有可能将印度经济引导到危险的道路上。因此，印度领导人不应该盲目追求经济增长率，而应致力于解决印度国民慢性营养不良的问题。森提醒印度制定政策的精英们，经济的高增长率只有在充分保障社会正义、改善贫困、发展保健和教育的社会背景下才具有积极的意义。

写到这里，我突然觉得森与韩国已故神父李泰锡有很多相似的地方。看着森的哲学思想，不禁让我想起李泰锡神父追悼词里的一段话：

"苏丹小镇通季②的公民们，请你们永远记住李泰锡神父对你们的爱。他生前说过的一句名言'爱不是因为看不见而被忘却的'已经被人谱曲并广为流传。听到乐队演奏这首歌，很多韩国人为李泰锡神父无私的爱流下了感动

---

① 约合人民币 540 万元。——译者注
② 通季：Tonj，南苏丹一地名。——译者注

的泪水。他在天堂安慰你们'不要哭，通季'。他那明亮的微笑将永远陪伴你们。"

4

[经济学里没有"两只兔子"]
简·丁伯根的计量经济学模型

简·丁伯根（Jan Tinbergen，1903.4—1994.6）

　　简·丁伯根是荷兰经济学家。他结合数学和统计学提出了预测经济现象的计量经济学模型。他以定量分析经济周期的成就与挪威的拉格纳·弗里希（Ragnar Frisch）共同获得1969年诺贝尔经济学奖。简·丁伯根曾在荷兰莱顿大学专攻数学和物理，毕业后在荷兰中央统计局任职，其间打下了计量经济学的理论基础。简·丁伯根在联合国前身——国际联盟也曾担任过经济顾问一职。

方法应该多于或等于目标

有些人的人生是喜剧，有些人的人生是悲剧。在充满喜怒哀乐的人生中，有些人遇到挫折也会像不倒翁那样重新站起来。这些人有一个共同点，那就是对待生活持乐观态度，尽管大小不同，但他们都拥有自己的人生目标。不管是追求亲情还是社会正义或人类和平，他们都拥有像人生指南针一样的目标。然而制定人生目标容易，在实际生活中人们会深切地感受到，实现这一目标有多么艰难。所以，离开这个世界之前，哪怕实现其中一个目标也算是幸运的。下面，我们从经济学的角度上谈论这个问题。

移动通信商为招徕顾客花费了过多的营销费用，手机零售商则用免费手机吸引顾客后采用搭售手段提高自己的销售量。结果出现同样的手机有的人买得贵，有的人买得便宜的现象，引发了消费者的不满。天下没有免费的午餐。谁要是以低廉的价格买到了手机，那么他一定会以昂贵的话费为代价。为了整顿这一不正当的流通秩序，消除消费者的不满，韩国于2014年5月开始实施《终端机流通结构改善法》（以下简称《终通法》）。实施这项法律，就是为了消除手机流通领域的泡沫，阻止非法回扣和非法补贴，使移动通信社和制造部门、零售店与消费者的关系进一步透明,从而稳定手机及通信市场。

《终通法》的实施引发了一系列的负面效应。消费者想要得到正常的补助金就要缴付高额资费,结果通信费用不仅没有下降反倒增加,于是消费者对此怨声载道;一些制造商由于高价手机卖不出去,企业面临破产而抱怨政府;以非法手段招徕顾客的零售店因《终通法》的实施干脆关门歇业了。与他们相反,移动通信商却露出了笑容。销售量虽然减少了,可营业额却增加为兆位数[①]。实施《终通法》后,这一旨在降低消费者的通信费用和构筑公正的市场秩序的政策是不是海市蜃楼,在学界引发了很多争论。社会舆论和媒体都指责这一政策只是喂饱了通信商。由于废除补贴上限的立法争论还在进行之中,因此,今后的走向还有待观察。

要是能同时抓住"增进消费者福利"和"保障公平竞争秩序"这"两只兔子"该多好?可现实并没有那么乐观。能不能同时抓到"两只兔子",我们需要先了解一下兔子的习性。森林里有两只兔子,它们用深情的眼神倾诉心中的爱意。突然,有一匹饿狼扑过来了。两只兔子魂飞魄散,撒开两条长长的后腿迅速逃跑了。由于两只兔子朝着不同的方向逃去,饿狼无法同时抓到两只兔子。饿狼想道:"看来我过于贪心了,竟然想同时捕捉两只兔子!"

丢掉兔子的饿狼回想起放羊少年说过的一句话,感到后悔莫及。少年是这么说的:"一石二鸟,一举两得,一箭双雕,这就是我的生活目标。"

以计量经济学获得首次颁发的诺贝尔经济学奖的简·丁伯根并不喜欢放羊少年的这种含糊不清、脚踏两只船的做法。他主张目标要明确,方法要可行。人们从他身上能"闻"到一股"正直的爱心香气",正是因为他的人生目标和提出的实现人生目标的方法是正直的。

---

① 兆位数:万亿,也泛指数目巨大。——译者注

丁伯根指出，只有当政府的政策手段与政策目标同等或比政策目标多的时候，才能真正发挥经济政策的作用。丁伯根的这一论断以他的名字命名，被称为"丁伯根模型"。他主张，为实现N个政策目标，就需要N个以上的政策手段。也就是说，如果方法比目标少，就很难同时实现多个目标。

我们在日常生活中往往看到，目标与手段之间或者目标与目标之间存在着一定的冲突和矛盾。经济也一样。在实施经济政策时，目标和手段是非常重要的。经济增长、物价稳定、国际收支平衡、就业稳定、减少两极化等都属于经济政策目标，而扩大财政收入或降低利率则是实现经济政策的手段。这些因素之间往往存在着诸多矛盾和冲突。

草率采取"一石二鸟"会歪曲事实

"一石二鸟"的手段不是不可取的，如果盲目追求一石二鸟的效果，就会歪曲资源分配，从而导致低效率的后果。几年前，韩国电力公司曾因冻结电费而出现了连续亏损的现象。在电力供应状况不佳的情况下，采取低电费政策被认为是浪费电力的罪魁祸首。这是一则反映以稳定物价为目标，企业通过降低成本强化竞争力与能源政策之间出现矛盾的案例。低廉的电费形成了大耗电量的产业结构，被认为是"拉闸断电"的罪魁祸首。然而，饱受累积亏损的韩国电力公司在 2015 年创造了超过 11.3 万亿韩元的史上最高营业利润。原来这是电力公司在短期电费上调和油价下调的政策下获得的巨大收益。后来，出口直线下滑，国内制造业为了提高出口竞争力，产业界向主管部门提交了《下调电费建议书》。主管部门表示，虽然下调电费可以降低成本，但考虑到对新能源产业的培养、减少温室气体等方面的投资，还是需要维持目前适当的电费。要知道韩国的电费在国际上并不高。

下面我们用大家熟悉的几个例子通俗易懂地说明丁伯根模型。

首先是菲利普斯曲线（Phillip's Curve）。短期菲利普斯曲线表示物价稳定与失业率之间的交替关系。这是各国中央银行在制定标准利率的时候常会运用的经济学原理。也就是说，即使目前没有出现明显的物价上涨，但只要失业率下降，物价有上涨的可能，银行就马上提高利率。其结果，物价也许能控制住，但是失业率却也有可能因此而上升。菲利普斯曲线很形象地说明了同时捕捉物价和失业率这"两只兔子"是何等艰难的事实。

类似的例子还有以美国经济学家罗伯特·特里芬（Robert Triffin）教授的名字命名的"特里芬难题"（Triffin Dilemma）。取消金本位制以来，美元一直承担着国际通用货币的职能。作为国际通货应该满足既具有信誉度又能充分满足供应两个要求，可在现实中这两者往往发生冲突。比如，只有美国出现贸易逆差，国际通货才能得以充分供应。可如果美国持续出现贸易逆差，人们对美国经济的信任度就会下降，从而导致人们对美元失去信任，美元的国际通用货币地位也随之动摇。相反，如果美国出现贸易顺差，其他国家就要承担贸易逆差的负担，世界经济就因美元短缺、资金无法正常周转而陷入萧条。如果这种恶性循环持续下去，就有可能成为诱发危机的因素。2008年金融危机之前，世界上曾出现了中国大量制造和出售商品，而美国又大量印制钞票购入商品的"全球经济失衡"（Global Imbalance）现象。专家指出这就是威胁世界经济的重要因素。正因为如此，中国一再提议以世界货币基金组织发行的继黄金和美元之后的第三种货币——特别提款权[1]（SDR）代替美元作为国际通货。事实上，这是基于对美元的不信任而提出的。

宏观经济学里有一个"三元悖论"[2]。理论上说，任何一个国家都不可能同时实现资本自由流动、固定汇率制、独立的金融政策这三个目标，因为这三

---

[1] 特别提款权：Special Drawing Right，简称SDR，亦称"纸黄金"（Paper Gold），最早发行于1969年，是国际货币基金组织根据会员国认缴的份额分配的，可用于偿还国际货币基金组织债务、弥补会员国政府之间国际收支逆差的一种账面资产。——编者注

[2] 三元悖论：Impossible Trinity，又译为"不可能的三角理论"。——译者注

者之间存在着矛盾关系。在资本自由流动得到保障的情况下单方面提高利率，那么随着利率的提高，资本从外部自由流入，会导致汇率上升，破坏资本市场的稳定性。如果想维持汇率的稳定性，就要实施控制资本流入的政策，而实施这一政策又会破坏资本自由流动的目标。

  2008年金融危机之后出现了重视稳定汇率的趋势，就连国际货币基金组织也开始认同此前被禁止的资本流入管制。很多发展中国家都不愿意看到短期投机性资本的涌入破坏本国金融市场的稳定性。比如，巴西因短期资本的大量流入，无奈之下征收了托宾税[①]，此举就是要主动舍弃"三元悖论"中的资本自由流动一项。

[①] 托宾税：针对外汇交易征收的交易税，目的是抑制过度的短期资本跨境流动。——译者注

敢于放弃做不到的事情

繁忙的生活日复一日，休假是我们难得的闲暇时光。在最好的季节，花最少的钱，与自己心爱的人一起出去旅游，这是人人都向往的事情。然而，一般的情侣在豪华酒店度过浪漫的平安夜并不是一件容易的事情。做好万全准备去享受幸福时光，对手头拮据的普通年轻人来说，也是一件"做不到的事情"。

国家经济也是如此。财政状况与国民福利是很容易发生冲突的一对矛盾体。随着欧洲遭遇财政危机，为了降低养老成本，他们通过了延长退休年龄的法案。也就是说，为了稳定财政状况，他们牺牲了国民福利。福利费用一旦增加就很难减少，随着人口老龄化加剧，老人福利支出只增不减，这在任何一个国家都是一样的。这种情况下，如果不根据经济增长扩大税收，仅靠现有的福利项目，很难维持财政状况的稳定。

福利财源不充分的情况下，不可避免地会偏向于保育、医疗等福利支出。重要的是确立适合于本国的税负率（在 GDP 中税收所占的比重）和全民税负率（在 GDP 中税收和四大保险所占的比重）的福利模式。韩国在经合组织中虽然属于税负率和福利支出较低的国家，可随着人口老龄化的加快，福利支出比重正在急剧增加。不愿意上缴税金却希望得到过高的福利收益，这是毫无道理的想法。福利只有在财政稳定的情况下才能持续增长。

丁伯根模型对我们的生活有什么意义呢？

首先是设定目标。在相互冲突的各个目标中，要明确选择确实能够取得成果的政策目标。不知从什么时候开始，经济增长与就业之间出现了脱钩现象。针对这一现象，有人主张要想减轻国民的负担，就应该优先考虑提高就业率的目标，而不应一味地追求经济增长目标。在全球经济衰退的情况下，政府必须根据当前经济状况设定有可能达到的目标。只有这样，政府才能赢得国民的信任。如果说在就业问题中，年轻人的就业问题尤为重要，那么政府就应该朝提高年轻人就业率的方向设定政策目标。

其次是实现目标的方法的重要性。要想设定目标并实现目标，就应该采取适当的方法。比如，在经济低迷的情况下，可以采取降低利率来刺激需求的方法。可在2008年金融危机之后，发达国家由于利率已经下降到零点，因此降低利率的政策再也不能奏效。于是，中央银行实施了购买政府发行的国债以扩大货币发行量来代替降息的量化宽松政策。然而，这个量化宽松政策到底是否适合刺激经济增长，很多人对此都持怀疑的态度。欧洲和日本被逼无奈甚至采取了"负利率"政策。新冠肺炎疫情暴发后，各国加大力度，以更多的货币发行量实施了量化宽松政策。这些国家之所以难以施展财政扩大政策，就是因为国家负债率已经达到了危险的水平。被称为货币理论之"异类"的现代货币理论（MMT, Modern Monetary Theory）主张，实施积极的财政政策固然会加重国家的债务负担，但即便如此也应该减轻个人的债务负担，并强调，主要货币国家应该放弃财政稳定的神话。

实施量化宽松政策还有一个很重要的前提，那就是本国货币必须具备主要通货的条件。韩国货币不是主要通货，因此不属于安全资产范围。所以在韩国，确保财政稳定比什么都重要，哪怕为了在非常时期通过财政来刺激经济这个筹码，也要牢牢地守住国库阵地。稳定的财政是决定国家信用等级的主要因素，而信用等级又对国债发行费用产生极大的影响。财政稳定性较差的欧元区正在持续实施宽松的通货政策。为了减轻人们对负利率和宽松政策的忧虑，法国中央银行总裁弗朗索瓦·比卢瓦·德加洛（Franois Villeroy de Galhau）表示："为实现2%的通货膨胀目标，欧洲中央银行（ECB）已经制定了好几种应对方案。"然而，他的这一言论也很难使人们产生对市场的信任。

要完善国家经济的风险管理，还要确保多样的宏观稳定性政策手段，促成政策之间形成最佳组合的政策制定部门之间的合作也是不容忽视的因素。由于资本的自由化，随着对外条件的变化，别国资本就像出入自己的家门一样在我们的市场随意进出。随着资本像潮水一样进出，金融市场和外汇市场始终处于不稳定状态。为了防止这种不稳定状态的出现，要筑好多样的宏观稳定性政策这一道"防火墙"和网络金融安全"屏障"。筑好筑牢这些"防火墙"和"屏障"是保护国家经济、保障国民生活安全的重要措施。

政府应该随时监测短期债务在外汇储备中的占比、三个月进口额在外汇储备中的占比、外汇储备额在通货量中的占比、经常收支等指标。还有，由于政策制定部门和政策监管部门是不同的部门，在政策的理解上会出现一些偏差，因此为了使通货政策、财政政策、其他宏观稳定性政策等实现最佳组合，各政策部门之间应实现积极协调，紧密合作。经济持续低迷，围绕利率政策肯定会存在很多不同的观点。如果通过降低利率来刺激经济，就会导致资本外流，资本外流又可能加重国民债务，那么政策的着眼点放在哪里便成了问题。因此，在左顾右盼的目前情况下，多种政策的组合显得尤为重要。

我们现在过着什么样的生活呢？在激烈竞争的旋涡中成为赢家才是唯一的目标？我们是不是心怀"世界只认第一"的谬误，将自己逼入疲惫的生活之中了呢？在为实现既定目标没完没了的竞争中，很多人因身心俱疲，半途受挫而倒下。也有父母将自己未实现的目标强加给自己的下一代。如果我们不认真思考自己为什么要为实现上一辈人盲目设计的目标而生活，我们只能过漂泊不定的生活。经济政策也一样，当我们没有长远眼光，只关注眼前的短期目标，政策便会失去公信力。不管是政府还是个人，要想实现某一目标，就必须首先设定目标的先后次序，然后再找出实现这一目标的最佳方法组合，朝着设定好的目标坚定不移地走下去。如果我们按照丁伯根模型，从多个方面、多个角度摸索手段方法，就能渡过难关，实现我们设计好的目标。我们需要具备这样的生活智慧。

第二部分

我们所面临的挑战

(Challenges Facing)

　　有些人的餐桌上是山珍海味,可有些人的餐桌上却一无所有。因就业岗位的失配而引发的青年失业率已达到历史新高;因过高的债务和过低的利率,政策手段几近山穷水尽。再加上低生育率、老龄化现象,世界经济更加恶化。

　　面对人口危机、失业危机、财政危机、非传统金融政策,人类的命运将何去何从?第二部分通过批判跨国企业的横行、汇率战争、过分教育热潮等现象,探索如何解除只图自己生存、各自谋生的致命危险的方法。

[经济再景气也不能实现零失业率的原因]

彼得·戴蒙德的搜寻摩擦理论[1]

彼得·戴蒙德（Peter A. Diamond，1940.4— ）

　　彼得·戴蒙德毕业于耶鲁大学数学系，获麻省理工学院经济学博士学位。他的研究重点是劳动力市场、养老金制度和社会保障政策。目前担任麻省理工学院教授，在劳动力市场研究领域堪称美国国内最高学者。他以经济政策对失业的影响为主题对劳动力市场进行研究，获得了令人瞩目的成果。2010 年与戴尔·莫滕森（Dale T. Mortensen）、克里斯托弗·皮萨里德斯（Christopher A. Pissarides）教授共同获得了诺贝尔经济学奖。1986 年担任过计量经济学会会长，2003 年担任过美国经济协会会长，是美国主要经济、社会和学术团体的重要成员，在学界和政界具有颇高的知名度。

---

[1] 搜寻摩擦理论：Resistance Unemployment Theory。

破锅自有破锅盖，可是找工作为什么如此难匹配？

如果经济特别景气，失业率则变成零？或者经济不景气，空缺工作岗位就能很快填满？回答是否定的。失业有多种情况，有因经济萧条而导致的周期性失业；有因产业结构变化，将设备转移到别的国家从而使原有的职员失去工作岗位的结构性失业；还有农闲期因不需要人手而导致的季节性失业。获得2010年诺贝尔经济学奖的彼得·戴蒙德关注的是，求职和招聘过程中，劳资双方因条件不匹配而产生的自发性失业。国际劳工组织（ILO）的白皮书警告说，尽管企业空缺岗位在增加，可由于企业挑选员工的条件过于苛刻，从而使失业率直线上升。我们该如何看待这种失业现象呢？

在商品市场上，需求与供给往往根据价格走向比较灵活地寻找平衡。可在劳动力市场上，劳动者很难找到符合自己喜好的工作，企业也很难找到符合自己要求的人。所以劳动力市场上经常存在失业者。这是为什么呢？

下面我们就拿人生之大事——婚姻问题来说明失业者经常存在的原因。绝大多数女孩从小就盼望白马王子出现在自己眼前，可白马王子就是迟迟不肯出现。不知不觉女孩的年龄增加了，眼光也不知什么时候降低了，最终通过降低自己的要求找到了与自己相匹配的伴侣。女孩在寻找过程中当然经历过挫折，在金钱上、时间上也要搭上一定的搜寻成本。这些搜寻成本不仅对当事人，对女孩父母来说也是一个不小的负担。所幸历经千辛万苦，最后还是找到了理想的配偶。我在这里说的不是推崇婚姻至上主义，我讲的只是以结婚为目的，勇于去搜寻另一半的年轻人的故事。

如果未能结婚，这些年轻人还要以痛苦的心情继续寻找，当然还要付出昂贵的费用。他（她）们都是面临匹配难题的人们。有些人通过婚姻介绍所去寻找自己的另一半，而到婚姻介绍所也需要花费一笔不菲的费用。如实反映双方的优点，尽快撮合一对新人，以减少双方的搜寻成本，是婚姻介绍所的首要目标。以结婚为共同目的的男女难以找到理想的对象，就必须得到他人的帮助。

这样的逻辑在劳动力市场上也经常看到。一方处于招工难的困境，一方处于求职难的困境。中小企业因人手不够而呼天唤地的同时，很多年轻人又苦于找不着工作而四处奔波。很多企业在招人过程中都会遇到匹配问题。企业为了招聘更好的人才而不停地搜寻，劳动者也为了找到更好的工作岗位而不停地搜寻。如果有人在求职，可他却不知道适合自己的企业在哪里，便会出现信息不对称现象。由于在求职过程中会产生一定的费用，因此招工和求职过程并不十分顺利。即使劳动力供需条件十分充分，如果信息不畅，就会出现招工难和求职难的问题。因此，只有把政策的重点放在搜寻过程上，才能更好地解决失业问题。

彼得·戴蒙德、戴尔·莫滕森、克里斯托弗·皮萨里德斯用"搜寻摩擦"解释了因各自的眼光不同而产生的不合拍现象。据他们的搜寻摩擦理论，就业岗位不会出现在劳动力的供给和需求同时存在的地方。他们认为，因信息不对称和求职活动成本，导致供需不匹配，从而浪费时间和资源的时候，减少随之发生的搜寻成本便是增进人力资源分配、有利于国家经济的行之有效的方法。从20世纪70年代初开始，三位学者利用搜寻理论对失业现象进行研究，到

20世纪七八十年代得出了很多研究成果。2010年他们以首次对劳动力市场进行科学分析的成就共同获得了诺贝尔经济学奖。

  劳动力市场上工作岗位的信息越不充分，求职和招工的费用就越多，劳动者寻找对自己有利的岗位和企业寻找对自己有利的人才所花费的时间则越长，由此发生的失业叫作"摩擦性失业"。彻底消除摩擦性失业是不可能的，但是如果建立劳动力市场供需双方畅通的信息交流渠道，使供需双方适当调整各自的标准，就可以在相当大的程度上降低由信息不畅而引发的失业率。所以，政府和企业应该在这方面下更大的力气。企业应该在招工广告和人才招聘过程中投入更多的资源，以利于引进专家和人才；政府应该通过对就业人员的再教育，多培养适合企业的劳动者，积极有效地运营就业服务中心，给劳动力供需双方设立信息高速公路，使双方信息交流变得更加通畅。

劳动力供需双方也要"志趣相投"

彼得·戴蒙德教授对劳动力市场的研究是基于资源配置的非效率性,即"追求效率的市场经济制度在现实条件下的资源配置并非总是有效的"。在现实经济活动中,即使购买普通的商品也会产生这样那样的成本,至少要付出"跑腿费用"。何况劳动力市场和房地产市场更是需要付出大量搜寻成本的市场。在劳动力市场上,工资并不是促成供需畅通的唯一因素。在现实生活中,流动人口源源不断,为新的、更理想的工作而跳槽的也大有人在。这就使很多在职人员唯恐自己现在的工作不如别人而忧心忡忡。稳定的均衡失业量、一定量的空缺工作岗位、一定的工资差距,这三者是在现实中的劳动力市场上常见的现象。除了工资以外,更有一些人会关注企业的声誉和企业对职员的福利待遇情况。

彼得·戴蒙德真切地感受到了商品市场和劳动力市场的这种不同,认为仅靠提高工资来消除失业是错误的想法。也许会有人认为爱情可以用金钱来收买,但没有"两厢情愿"这一爱情基础,其婚姻是不会长久的。尽管在恋爱过程中花费了很大努力和很长时间,可如果双方志趣不合,几万朵玫瑰便难免付诸东流。放弃求职的人或者失业的人对自己在求职过程中投入的成本耿耿于怀是理所当然的事情。年轻人一听到"要降低择业标准"的忠告便觉得"与其降低标准，不如进庙念经"。于是，很多人果断放弃"低标准的工作岗位"，开启了"宁愿投入大量时间与金钱或参加考试，也要等待心仪的工作岗位出现"的择业搜寻模式。

下面举个更生动的例子来解释一下搜寻理论。

就像谈婚论嫁的双方一样，劳动力市场上的供需双方也在考虑相互间的"志趣"。因此，不管是企业还是求职个人，都不会立刻在合同上签字。供需双方围绕更优秀的人才和更好的报酬，宁愿投入巨大时间和资源成本也要开展搜寻持久战。在这个过程中，劳动力供应方（求职方）也会遇到一些不错的就业机会，但这些机会可能会被供应方接受，也可能干脆被拒绝。到了某一瞬间，搜寻战戛然而止，双方在最佳结合点上相遇，匹配得以实现。搜寻时间越长，求职者的直接、间接费用增加越多。如果失业状态持续下去，为搜寻更好的就业岗位而付出的高昂的费用和放弃某些企业提供的就业机会就显得十分可惜。时间一长，求职者心情焦虑，再也无法承担高昂的费用，于是一些人开始降低工资待遇的标准。就像大龄未婚女性降低自己的择偶标准一样。

企业也一样，招工时间越长，因岗位空缺而产生的费用则越大，最后接受供应方提高工资待遇的可能性就越大。由此来看，决定一定的工资标准和一定失业周期的是供需双方的要求是否相符。就业机会是在实际工资水平、期望工资、失业代价、搜寻费用等诸多因素相互作用的过程中不断被创造出来的，劳动力来回流动的"人力资源流"也是在这个过程中持续形成的。从搜寻理论的角度上看，劳动力供需双方所能承受的搜寻费用的不一致，是导致失业的首要原因，而就业则是对这个不一致进行合理调整的结果。

共和党反对戴蒙德的真实理由

根据搜寻理论，摩擦性失业在某种程度上是不可避免的。三位教授相信，一定程度上的失业会给经济带来积极的效果。这是因为从企业角度上看，有了失业人口，存在企业就很容易填补空缺的工作岗位；从求职方角度上看，企业空缺岗位越多，则越容易求职。那么，摩擦性失业什么时候会成为经济发展的绊脚石呢？戴蒙德教授把企业所需劳动力人数与失业人数之比看作衡量劳动力市场的重要指标。如果失业人口远超企业所需劳动力人数的历史平均值，就说明适合企业要求的劳动力相对缺乏，同时也说明劳动力市场上更多的待业者是未具备与再就业需求相符的技能或知识的人，这就要求政府花费更多的费用来解决这个问题。

戴蒙德教授曾被奥巴马[①]政府提名为美国联邦储备委员会（FRB）理事，但由于共和党的反对，其理事任命最终被否决。共和党为什么要反对戴蒙德教授呢？在这里我们有必要了解一下美国政党对失业的看法。共和党认为，如

---

① 奥巴马：全名贝拉克·侯赛因·奥巴马（Barack Hussein Obama），第 44 任美国总统。

果长期发放失业救济金，失业率自然会上升，就业搜寻时间也自然会延长。高额失业救济金不仅不能解决失业问题，反而有可能成为阻碍降低失业率的因素。失业救济金上升，国家负债也随之增加。失业救济金的受惠人当然没有必要急着去搜寻就业机会，他们肯定会心甘情愿地等到经济状况好转。可眼下急着需要补充人手的企业为了招募合适的员工，只好提高工资待遇。这样一来，整体劳动力费用上升，企业不得不裁减不必要的劳动力，结果导致失业率的上升。共和党反对彼得·戴蒙德的理由，从表面上声称是因为戴蒙德缺乏管理利率或金融方面的经验，可真实的理由却是因为戴蒙德无视财政稳定性，极力赞扬刺激经济的观点。戴蒙德还是联邦储备委员会主席本·伯南克（Ben S. Bernanke）的导师，伯南克曾多次发表过上述的观点。

为什么在有就业岗位的情况下失业率还在上升？

2011年美国的经济状况非常不乐观。在周期性失业问题成为当务之急的情况下，戴蒙德提出了为减少失业必须采取宽松的货币、财政政策的论点，他的论点在当时的情况下颇有说服力。可共和党认为，戴蒙德不赞成减少失业救济金的提案，因此对他的观点不以为然。戴蒙德认为，失业救济金应从社会保障机制的角度上去看待，长期来看，它有利于失业率的持续降低。这个观点并不排除短期失业救济金会延长就业搜寻时间的可能性。对于失业救济金这一典型的劳动力市场政策的效果，存在着很多不同的意见。所以，美国政府至今还在讨论，如何完善有关严格控制失业救济金领取资格和期限、调整失业救济金金额，和为抵消失业救济金而征收的劳动所得税等方面政策的问题。由于失业救济金对劳动力供需双方工作岗位搜寻的意愿和强度、工资待遇、是否参与劳动力市场等方面产生了巨大的影响，因此，确有必要持续研究下去。

贝弗里奇曲线（Beveridge Curve）反映的正是空缺工作岗位和失业之间的反比关系。这个曲线虽然与1958年提出的菲利普斯曲线在同一时期发表，可当时并没有引起人们的关注。韩国银行曾经分析过美国、日本、德国、西班牙、韩国等五个国家贝弗里奇曲线的变动趋向，结果发现韩国、美国、西班牙三国自金融危机之后其贝弗里奇曲线向右移动，而日本、德国则向左移动。贝弗里奇曲线向右移动，意味着尽管有空缺工作岗位，但失业率反而上升。虽然因退休等原因出现了一些空缺岗位，可新增就业人员没有相应增加，或高学历毕业生只集中在优质岗位，这些现象都在很大程度上对失业率的上升产生了综合性的影响。

减少搜寻成本是重中之重

经历了全球金融危机和欧洲债务危机，发达国家劳动力市场不和谐的现象似乎非常严重。由于学历通胀[①]和企业招人标准的差异，韩国年轻人的"就业岗位不匹配"指数在经合组织的成员国中处于较高的水平。彼得·戴蒙德是把贝弗里奇曲线从理论上进一步发展的经济学家，如果他看到韩国年轻人的失业状况，会怎么想呢？针对韩国在经合组织中向来以学历水平最高为傲的现状，戴蒙德教授可能会对韩国提出"外部不经济性"问题。

在激烈的竞争中，将更多的时间和费用投入到就业搜寻过程，这就是目前年轻人的现状。其他求职者为了与年轻的求职者竞争而投入更多的时间和费用，这种恶性循环最后演变为"考证大战"。于是出现了"干脆不看资格证书"的企业。在全社会"不再重视证书"的氛围中，企业招聘员工简直成了选秀节目，延期毕业的大学生和准备报考公务员的大学生人数也呈增加趋势。在如此严峻的形势下，我们不能将摩擦性失业视为自然性、暂时性的失业，因此，有必要制定多方面的政策。如果现有劳动力市场受到过度保护，导致就业灵活性下降，那么招聘新员工就会更加困难。即使被录用，也有可能处于非保护水平的"保护盲区"。

[①] 学历通胀：即"学历通货膨胀"的简称，也可以称为学历过剩。——编者注

年功序列的工资结构也会使企业很难补充新鲜血液。当然,产生年轻人失业并不都属于摩擦性失业,只是相当一部分属于这一类型。年轻人就业难问题的最大原因是优质工作岗位不足,再加上企业因为经营不景气而不愿意扩大生产规模。

不管怎么说,在围绕如何解决"无就业增长"问题而众说纷纭的情况下,彼得·戴蒙德为减少劳动力市场搜寻费用提出旨在改善制度的方案,这不能不说是值得探讨的话题。经合组织将 15—24 岁的人定义为年轻人。韩国年轻人失业率是全体失业率的 2.4 倍,是非年轻人失业率的 3.4 倍。在经合组织成员国中,韩国也属于年轻人失业率非常高的一个国家,是年轻人就业政策未能正常发挥的代表性国家。2010—2020 年,韩国年轻人失业率年均增长速度为 0.76%,在经合组织成员国中排名第 10 位;年轻人失业率是全体失业率的 2.8 倍,排名第 5 位,属于高失业率国家。年轻人失业如此严重,可中小企业却因人力不足而叫苦不迭。如果几十万名大学毕业的青年大军找不到工作,对经济发展所产生的影响是不言而喻的。

解决如此严重的年轻人失业问题是所有人责无旁贷的义务。政府应持续研究并提出多种方案来降低失业率,如通过培育新兴产业创造出优质工作岗位;通过合理调整大学生人数,调节高学历劳动力供给过剩问题;扩充职业培训系统,培养适应企业需求的人才;积极扶持失业人员再就业和创业;扩大中壮年层就业机会等。对于摩擦性失业,建立"供求数据库"将有助于解决就业岗位不匹配的问题。如果真要是建立完整、系统的就业岗位供需数据库,劳动力就能找到符合自己意愿的工作岗位,企业也可以将宝贵的人力资源合理地安排在适合的工作岗位上。这样,失业率就会下降,社会整体的经济效率就会得到很大的提高。企业经营者应该努力做到限制工资过度上涨、打破年功序列的工资结构、缩小固定工和临时工之间的工资差距。求职者也不要一味向往大企业,要树立"只要符合自己的意愿,去中小企业照样可以大显身手"的理念。当然,世界经济的好转是最大的前提。

[那么多的钱都去哪里了？]
米尔顿·弗里德曼的"直升机撒钱理论"

米尔顿·弗里德曼（Milton Friedman，1912.7—2006.11）

凯恩斯堪称是20世纪30年代经济大萧条之后现代经济学界最有影响力的经济学家，而米尔顿·弗里德曼则是敢于挑战凯恩斯学派的自由主义经济学大师。他批评说，为了刺激或稳定经济，政府所实施的调整工资或物价的财政政策需要很长时间才能见效，甚至可以说，那是基本上不可能正常运转的政策。因此，米尔顿·弗里德曼提出持续增加通货量的通货政策。他在1962年与妻子罗丝·弗里德曼（Rose D. Friedman）合著的《资本主义与自由》（*Capitalism and Freedom*）一书中，批判当时的社会福利制度有悖于个人主义传统价值，主张用财富所得税（当一个人的收入低于最低生活费或收入扣除额时，由政府来补贴最低生活费与实际收入之间的差额的一种税制，相当于韩国的劳动所得税扣抵制）来代替社会福利制度。

那么多的钱都去哪里了？

各国政府为抗击新冠肺炎疫情而投放的大量资金，正引发资产市场过热等一系列问题。现在让我们回到疫情暴发之前的 2008 年。2008 年世界金融危机之后，各个国家向资产市场投放了天文数字的资金。可之后我们却看不到那些钱的去向。那么多的钱都去哪里了呢？当时发达国家财政状况不佳，财政政策没有多少回旋的余地。由于利率已经降至零，因此政府也不能采取下调利率的政策。为此，美国、欧盟（EU）和日本中央银行试图利用购入政府发放的债券来投放资金的量化宽松政策，来提高银行贷款能力。这里说的量化宽松政策不是直接向家庭或企业提供资金，而是扩大商业银行贷款能力的政策。政策当局期望，这些贷款能力增强的银行所投放的资金流入资产市场，用于购买实物或金融资产，成为推动实物市场走出低谷的力量。

股价上涨可以促进个人财富增加，而个人财富增加又可以收到促进消费的效果。如果中央银行投放资金，提高人们物价上涨的预期心理，增加财富，扩大消费，那么就等于收到了减少税金，扩大消费能力的效果。所以，量化宽松政策实际上是减免税收的货币政策。然而，虽然中央银行投放了资金，可物价并没有按预期设想上涨，取而代之的是债券价格上涨、债券利息骤降了。个别商业银行购入了风险更大的公司债券和股票。可资金却流入房地产市场，提升了整个房地产市场的价值。

2008年世界金融危机之后，发达国家以量化宽松政策投放的资金流入发展中国家，从而提升了发展中国家的资产价值。发展中国家的经济因结构改革滞后、原材料价格下降等原因陷入困境，雪上加霜。到了2016年年初，由于油价整体下降（产油国购买力下降）和中国经济不稳定，金融市场更加动荡不定。美国虽然实施了两轮量化宽松政策，可收效甚微。实施第三轮量化宽松政策之后，情况有所好转，实体领域指标开始出现好转迹象。然而，实施量化宽松政策以后，人们又开始担心日益增长的资金流。看到美国股市达到史上最高值，人们担心这是否意味着泡沫经济的出现。与之相反，日本和欧洲大多数国家虽然也实施了量化宽松政策，可家庭消费及企业投资并没有增长多少，大部分资金流向债券、股票和房地产领域，使得中央银行陷入深深的忧虑之中。

中国也掀起一股股票热潮，人们争先恐后地购买股票，中国股价在短时间内一路飙升。在这种情况下，美国却罔顾世界经济的不确定性，几经周折上调了长期处于零利率的基础利率。而从2016年年初开始，中国股市因经济增速放缓、金融动荡等原因开始暴跌。受其影响，全球股市同步陷入低迷，经过几个月的折腾之后才勉强得以恢复。有人甚至针对中国动荡不定的经济状况还押注人民币要贬值，一时间华尔街向贬值一方投资，大肆进行买空卖空。华尔街这一备受诟病的行为与那些同中国政府较劲的势力十分相似。美国电影《大空头》[①]中就有类似的情节，即一些发行次贷证券的银行为了减少自身损失，向标准普尔[②]等信用评级机构花钱购得银行等级。金融公司和信用评级机构相互勾结实施欺诈行为，受到伤害的只是无辜的民众。当一位华尔街的大人物去找

[①] 《大空头》：*The Big Short*，一部美国电影。——编者注
[②] 标准普尔：Standard & Poor's，金融分析机构。——编者注

标准普尔公司，质问银行的信用等级为什么没有下降时，标准普尔公司职员的回答是"你不过是个伪君子"。到底谁是伪君子呢？为了谋求利益，金融公司、信用评级机构也不惜相互背叛。他们把不择手段欺诈民众的行为说成是"金融属性"，不免令人鄙夷。

2001年，日本在世界上首次实施了量化宽松政策，可最后还是失败了。日本安倍政府为了东山再起，重新实施了量化宽松政策，可每当公布经济指标时，政策效果还是不怎么理想，这使得安倍坐卧不安。他们发现仅靠量化宽松政策无法扭转局面，于是，日本中央银行于2016年1月突然引入了负利率政策。在美国加息、油价跌落、中国增速放缓等一片混乱的情况下，日本实施负利率这一"苦肉计"成为世界经济的热门话题。2021年，量化宽松政策的后遗症在美国表现为物价上涨。原来，随着全球供应链遭到干扰，需求上的轻微变化进一步扰乱了供应链，从而导致了物价的全面上涨。原材料价格上涨和碳中和的强化，产生了一系列的副作用，于是在全球范围内，"绿色通胀"成了热议的话题。眼下谁都不敢断定物价上涨是否是暂时的现象。

账户里存钱也需要缴纳保管费的"负利率"

"有钱赶紧花掉，千万不要把钱存在银行里。把钱存在储蓄账户里，你就得缴纳保管费。"

日本中央银行引入负利率政策以后，日元便止住暂时的弱势开始急剧升值。随着金融市场长期动荡不定，发生了偏好日元这一安全资产的效果。日本的股市背离了政府的期待。上一次实施量化宽松政策，股价做出了回应，可对负利率这一新政策，股价的反应却不尽如人意。日本的负利率政策对个人和企业到底产生了什么样的影响，需要进一步观察。

日本负利率政策的主要意图是，如果商业银行向中央银行存入资金，中央银行就向商业银行收取手续费。商业银行在一般情况下将法定存款准备金或超额存款准备金存入中央银行，负利率政策要求，商业银行不要把钱存入中央银行，而要向民间投放。由于未发生预料中的通胀，日本中央银行在无奈之下采取了这一苦肉计。连银行也要缴纳存款手续费，日本国民担心，个人要是存款是否要缴纳更多的存款手续费。尽管经济状况不同，但瑞士并不甘心瑞士法郎的急剧升值，于是，他们先于日本实施了负利率政策。瑞士施韦茨银行（Alternative Bank Schweiz）于 2015 年 10 月开始，对个人客户存款征收 −0.125%

的利率，至今维持不变。

当时很多人抱怨大企业有钱也不投资，抱着那些钱按兵不动。各企业之所以这么做，是因为它们判断世界经济因各种要素而萎靡不振，确定世界经济已经处于不景气状态。察觉到为企业萎靡心理注入活力、增进出口和投资的必要性，安倍首相采取了特别措施。这个特别措施被称为"安倍经济学"，其核心内容是，通过降低日元币值来提高企业出口竞争力。然而，即使实施了"安倍经济学"政策，日本企业也没有像想象中的那样将收入用于再投资。虽然目前还不敢下最后的结论，可有些学者认为，在已经实施负利率政策的情况下，"安倍经济学"很难得到成功。这些学者的观点看起来很有说服力。反对储蓄，提倡消费，将手中的钱投放到实体经济中去，负利率政策的这一努力是否会给银行、保险、证券公司等金融机构带来负担，实在是令人担忧。事实上，日本实施负利率政策之后，全球范围内银行股价发生了大幅波动。

前美国联邦储备委员会主席珍妮特·耶伦（Janet L. Yellen）表示，美国目前还没有必要实施负利率政策。世界各国总是对美国联邦储备委员会主席的态度备加关注，因为美联储始终掌握着美元价值的走向，而美元价值的走向直接决定着各国通货的未来。美元这种货币是一种作为商品游荡在世界各国，使人为其价值的走向煞费心机的"妖怪"。美国联邦储备委员会以国债为担保放贷美元，作为其代价，美国政府支付联邦储备委员会制定的利息。事实上，美国国债是以美国国民的纳税能力为担保发行的。因此，美元是美国国民的债务，每当美元发行的时候，美国国民担负着向美国联邦储备委员会支付利息的义务。

我们现在对美元的可信度存疑，实际上是对美国国民有没有能力偿还美国政府欠下的大量债务的质疑。用量化宽松政策投放的美元，看上去也是摊在美国人身上的债务。在目前很多国家都因陷入债务危机而备受痛苦的情况下，作为本国国债投资者，民众完全有理由怀疑政府或中央银行的可信度。自己手中的国债能不能得到偿还，是值得每个投资者深思熟虑的问题。在零利率的状况下，硬着头皮实施的量化宽松政策虽然在发达国家得到广泛推广，但也有不少学者对经济增长的实效性和财富的公正性表示怀疑。实施量化宽松政策理应推动经济增长、提高偿还债务的能力以减少债务，可各国的现实情况并非如此，甚至还有不少实施负利率政策的国家严重动摇了中央银行的信誉度。

需要改写经济学教科书？

我们对"增长"一词十分熟悉。要是向中央银行存款，商业银行当然获得利息。可向银行存钱还要让个人缴纳保管费，个人怎么能累积资产呢？好在2021年，欧洲金融市场开始出现负债券利率逐步消失的现象。也就是说，欧洲中央银行（ECB）有望在比预期更早的时间内调整标准利率。

在欧洲债券市场，虽然还有不少需要10年以上才能偿还国债的负利率国家，但法国、爱尔兰、荷兰、瑞士等国的国债收益率近年来呈上升趋势，最近转为正值。几年前采用负利率的国家有欧元区、丹麦、瑞典、瑞士等国家和地区，由于它们当时也不太熟悉负利率政策，于是政客们极力排斥这个政策，金融稳定性也下降了许多，大有资金无故遭受损失的趋势。这不是小说里的虚构情节，是发生在现实中的经济现象，让很多学者们为世界经济的未来担忧不已。

事实上，美国前财政部部长劳伦斯·亨利·萨默斯（Lawrence H. Summers）也曾在国际货币基金组织研讨会上提到过摆脱债务经济困境的方案——采用负利率政策（-3% — -2%），即存款100美元，可取回97—98美元。以前我们在学校学过，只有通货膨胀才能使货币贬值，可现在负利率居然也能使货币贬值。看来经济学教科书还要改写,增加一条负利率也能使货币贬值的内容。纸币还因磨损需要"折旧",难道纸币已经到了日暮途穷的地步?如果向银行存款反而使存款人遭受损失,那么有可能回到挣了钱都藏在家里的年代。不仅如此,赠予提前预付或提前还债者的优惠待遇也将荡然无存。

目前,欧洲各国已经开始出现令人啼笑皆非的允许滞后缴税的现象,各商家也鼓励客户以长期付款或滞后付款来代替一次性付款。由于向银行存款意味着利益受损,于是投资者把资金投向了能够获得收益的房地产领域。采用负利率政策的瑞士(家庭债务在GDP中的占比第一位)和丹麦的房地产价格已经大幅上升,这些国家的家庭债务比重比韩国还要高,因此,不少专家担心,如果负利率政策长期实行下去,股市和房地产市场将会产生泡沫。在量化宽松加上负利率政策严重威胁世界经济的当今,也许有些人怀念曾经主张"哪怕用直升飞机从空中撒钱,也要刺激经济"的前美国联邦储备委员会主席本·伯南克。

货币是在信任的基础上形成的

环顾整个世界，也看不到经济发展步入正轨的国家。直到几年前，全球所有国家仍一直处在低物价（或者是物价持续下跌的通货紧缩状态）困境，在沉重的债务压力下苟延残喘。虽然不知全球性通胀时代是否来临，但在结构性的技术进步条件下，这种现象不会长期存在下去。在政府不断实施不切合实际的政策的情况下，"货币的可靠性"自然会被人们质疑。说到这里，突然想起货币主义经济学家米尔顿·弗里德曼提出的"所有的问题都出自货币"的论断。他在自己的著作《货币的祸害》（Money Mischief: Episodes in Monetary History）中讲了这么一个故事：卡罗琳群岛的一座岛屿上，土著居民使用的货币是用石灰石做的巨大的石块。岛上有一个拥有最大石块货币的富翁，可谁也没有看过他所拥有的石块货币。原来，在几个世代之前，搬运那个石块货币的时候，族人不小心将其掉落到了海里。岛上的居民因为偶然的机会知道了这个事实。后来怎么样了呢？尽管那个石块货币已经沉入大海，可岛上的人还是坚信那是那个富翁的货币。这就是人们对货币的信任。货币是在信任的基础上形成的，只有这种信任持久下去，货币才能存在。这就是弗里德曼通过这个故事所展示的货币的概念。

为了维持中央银行的可信度，弗里德曼极力主张"K%准则"。他认为，不管经济走向如何，必须维持年均K%的通货量增长率，只有这样，人们才能信任中央银行。如今，人们携带的现金没有以前那么多，金钱往来速度（货币流通速度）很不稳定且十分缓慢，在这种情况下，弗里德曼的K%准则就变得很难维持下去。弗里德曼提出的K%准则是以稳定的货币流通速度为前提的，现今世界已经与弗里德曼提出K%准则的时代大不相同，中央银行的通货政策已经不是根据通货量，而是根据基准利率来制定的。日本和欧洲一些国家更是用负利率来制定。

弗里德曼是否一直坚持这一信任原则了呢？事实上弗里德曼也有例外，那就是"直升机货币"。所谓"直升机货币"指的是，为刺激经济，中央银行"像直升机撒钱一样"印发大量钞票向市场投入的非传统的通货政策。本·伯南克提出"哪怕用直升飞机从空中撒钱也要刺激经济"的构思也是受弗里德曼的影响（伯南克是弗里德曼的弟子）。如果基准利率变负后经济仍未出现好转，政府应该采取什么措施呢？围绕这个问题，学术界存在很多说法。在这些说法中，弗里德曼的主张颇具说服力。英国工党领袖杰里米·科尔宾（Jeremy B. Corbyn）也被弗里德曼的故事所吸引，提出了"旨在保障人民得益的量化宽松政策"（People's Quantitative Easing）。杰里米·科尔宾认为，如果中央银行建立一个投资于像公路那样的基础设施或公民廉租房的基金，就可以拉动就业、促进经济增长和使物价上涨。但实际操作起来并不容易。因为要想做到这一点，就要求政府和中央银行在"直升机撒钱"的问题上达成一致，然而这两者看待经济发展的眼光往往不同。

全球经济处于低迷状态，而能拉动需求的主体又不多，于是，人们并没有看好以提升资产价值的方法间接创造需求的伯南克的观点，而是转向更加激进的弗里德曼的"直升机撒钱"观点。要想挽救经济，就需要大规模的消费，而在降低利率遇阻的情况下，则更需要以需求拉动经济。

　　欧洲和日本的中央银行长期以来深陷通货紧缩的忧虑之中。物价下跌导致通货紧缩，而通货紧缩又束缚消费需求。如果消费者将钱装进兜里不肯掏出来，经济会变成什么样子呢？让我们重新审视一下世界经济。为什么很多国家的家庭支出已经达到极限了呢？这些国家的工业生产指标为什么迟迟上不去呢？很多学者将目光转向严重的债务问题。2008年金融危机之后，在政策手段受到限制的情况下，经济上接连出现不可思议的现象，这足以让我们感到震惊。然而到了2020年，因新冠肺炎疫情投放大量资金又使全球面临史上最严重的债务危机。"不确定性蔓延的新常态"（New-normal，随着时代的变化而出现的世界经济的新秩序）已经成了人们热议的话题。在经济政策的药效失灵的情况下，即使中央银行用直升机撒钱也解决不了什么问题。美国早就否认采用"直升机货币"的可能性，欧元区也已经明令禁止实施"直升机货币"政策。只是国债在GDP中占比最高的日本，被世界媒体指出是负利率政策下唯一没有明令禁止"直升机货币"政策的国家。当时日本首相安倍晋三似乎也考虑到了这个政策的可行性，不知卸任首相后的安倍如今有何感想。

天下没有免费的午餐

当时世界各国都在关注日本如何以应急计划减少国家债务，延续"安倍经济学"。日本的高额国家债务和欧洲的财政危机将许多国家逼进了死胡同。在这样的形势下，韩国应该清醒地认识到，巩固国库、管好家庭和企业债务的重要性。

不仅如此，还要密切关注美国联邦储备委员会提高利率后的动向。自从日本实施负利率政策之后，世界金融市场变得动荡不定。如果其他国家的经济萎靡不振，美国经济也会受到影响。目前，世界各国都在观望美国经济今后的走向，因为只有美国的就业指标表现良好，给自身经济的增长注入自信心，才能吸收过剩的流动资金，加快提高利率的速度。在新冠肺炎疫情中一路下跌的美国道琼斯指数[①]和标准普尔指数在经济指标趋于好转的基础上，刷新了历史新高。世界正在关注以大型科技企业为龙头，高歌猛进的美国股市和上涨的房地产价格。几年前有人曾提出，如果美国提高利率而其他国家实施负利率政策，那么，因各国中央银行目的的不同，有可能导致相互矛盾的问题。于是金融危机

---

① 道琼斯指数：全称为股票价格平均指数，是一种算术平均股价指数。——编者注

之后，二十国集团便强调了各国间政策协调的重要性。

谈到这里，让我们回顾一下弗里德曼的一句名言。他说"天下没有免费的午餐"（There is no something as a free lunch）。这是一句很好地表达世间哲理的话。采用"直升机货币"必定要付出代价。尽管我们无法预测新冠肺炎疫情后世界经济的走向，可我们还是要在探索的道路上一步一步向前挪动脚步。由于所有的事物都是联系在一起的，蒙受再大的委屈也不能埋怨谁。要知道我们正在面临一场巨大的风暴。

[向单身人士征税合理吗?]

西蒙·库兹涅茨的人口创新理论

西蒙·库兹涅茨(Simon S. Kuznets, 1901.4—1985.7)

西蒙·库兹涅茨以国民收入理论和对国民收入统计的实证分析获得1971年诺贝尔经济学奖。西蒙就读于哥伦比亚大学,1926年获得博士学位。他深刻分析了经济增长模式,全面、系统地阐释了经济社会结构和发展过程。西蒙强调经济模型设计的重要性,主张经济模型必须包括人口结构、技术、劳动力质量、政府结构、贸易、市场等方面的信息。西蒙创立了"库兹涅茨周期",说明了经济波动周期与人口之间存在着密切的联系。他提出的有关经济增长与收入分配之间的"倒U型假说"[1]也很出名。

---

[1] 倒U型假说:指"库兹涅茨倒U型假说"。——编者注

如果向你征收单身税？

虽说三十而立，但在当下时代，这个年龄段的人在事业、婚姻上同时成功的少之又少。眼下婚姻对年轻人来说已经不是必答题，而是选择题。如果在这种情况下向未婚未育的单身男女征收"单身税"，他们会做出什么样的反应呢？他们肯定会很生气地说"荒唐至极"。然而，单身税并不是"荒唐至极"的措施。历史上曾有过单身税，现代不少国家也曾实施过。历史上，我们从古希腊和古罗马中可以找到单身税的起源。当时，对达到一定的年龄而不结婚的男性，或者剥夺其选举权，或者向其征收单身税，如果只结婚却未生育，则不承认其继承权。在现代，欧洲和美洲部分国家为了提高人口出生率也曾征收过单身税。

如果韩国引入单身税会怎么样呢？眼下，在就业难、高房价的压力下放弃恋爱、结婚、生育的"三弃族"青年越来越多，如果在这种情况下引入单身税制度，是否会引发单身男女的强烈反对呢？不说单身税，作为税收制度，根据结婚与否或是生育与否而征收不同额度税金的国家倒是不少。大部分发达国家至今还在实施根据有无子女征收不同额度税金的政策。与经合组织各成员国相比，韩国对单身家庭与养育两个子女的家庭的税收差异是非常小的。

经济就是人口，人口就是国力

丰富的劳动适龄人口（15—64岁）是过去20年间亚洲在世界贸易和世界GDP所占比重增长的主要动力。然而，令人担忧的是，人口减少将对包括亚洲在内的世界经济未来发展带来冲击的预测，也会不时地传入我们的耳朵。虽然有不少学者说这些都不过是提高劳动生产率就可以解决的问题，但人们心中的不安仍然没有消失。

据联合国预计，到2100年，60%以上国家的人口将持续减少。这里应当包括不少亚洲国家，占世界人口20%的中国到了2050年也将面临劳动力不足的局面。于是，坊间甚至流传，随着独生子女政策的取消，有可能出现婆婆和儿媳同时生孩子的"奇观"。据联合国预计，到2050年世界人口将增加32%，可劳动适龄人口的增长却止于26%，而发达国家的劳动适龄人口反而会下降5%。到那时，韩国和日本的劳动适龄人口将分别减少26%和28%，这不能不说是令人担忧的事情。

人口减少将导致经济规模缩小，这使我们感到巨大的压力。在人口减少的大背景下，美国却不断接收移民，因此，专家估计，到2050年美国人口还会增加10%。美国前总统奥巴马在2014年年底还曾宣布对500万非法移民暂缓驱逐的移民改革方案。由于非法移民中年轻人居多，因此，从长远考虑，那些移民是将来养肥美国的基本人群。对此，共和党所控制的26个州提出诉讼，认为移民问题是通过立法解决的问题，而不是通过行政命令解决的问题。于是，2016年6月，美国联邦最高法院急忙出面澄清，以程序上有误为由否定了奥巴马的移民改革方案，最终，非法移民救助行动宣告失败。然而我们还是有必要密切观察美国移民政策今后的变化趋向。随着低生育、高龄化的趋势，韩国人口结构也发生了巨大的变化，从2020年开始，劳动适龄人口呈现减少趋势。据韩国劳动就业部分析，10年后劳动适龄人口将减少260万左右。其中，年轻劳动力的减少尤为明显。到2028年，高中毕业生将比大学招生人数少10万以上，新增就业人口将比劳动力市场需求少38万以上。经济就是人口，人口就是国力。面对这个现实，我们只能望洋兴叹。

难民的流入对欧盟经济产生的影响

让我们回过头来看一看因难民问题而焦头烂额的欧洲。德国也考虑到今后劳动适龄人口减少的问题，于是对难民采取了友好措施。德国邮政银行预测，随着难民的涌入，到2030年，包括首都柏林在内的波茨坦、汉堡等主要城市的房价将会上涨。另外他们预测，难民的流入会多少缓解低生育问题，还可以推动占国内生产总值4%的建筑业的投资。难民问题将与政府支出增加、实施最低工资制所带来的内需的好转共同起作用，有望成为拉动德国经济的重要因素。德国的难民开放政策除了人道主义因素以外，还包含政治因素。2015年有110万名来自叙利亚的中东难民流入德国，这是德国历史上最大规模的一次难民潮。现在让我们通过德国前总理安格拉·默克尔（Angela Merkel）的一段话了解一下那次难民潮发生的背景：

"如果德国成功收容这些难民，我确信今天的挑战将成为未来的机遇。从收容难民到社会大融合需要投入相当长的时间、努力和资金。这是由我们来担负的责任，我们还要因此度过一段艰苦的时期。德国作为一个世界强国，我们会很好地解决这个问题的。"

默克尔认为，流入欧洲的叙利亚难民"不会对欧洲社会造成混乱，反而会带来机遇"。德国对低生育、高龄化问题的对策就是收容难民，这是默克尔一贯的理念。据预测，到 2060 年左右，德国人口将减少 20%，劳动人口也将减少 30%。面对如此局面，默克尔认为不能坐以待毙。但对此也有不少反对的声音。2016 年 3 月，德国三个州举行了州议会选举，结果默克尔率领的基督教民主党落败，反难民的右翼政党德国选择党（AfD）一跃而上。选择党主张，为阻止难民流入，必要时可以给国境管理人员赋予向非法入境者开火的权力。选择党举出"出门在外需要得到安全保障"的女性安全广告，要求驱逐犯罪的难民人员。当然，默克尔也并非主张收容所有难民，她只是主张收容像叙利亚那样陷入绝境国家的难民。

一个即将被逐出德国的巴勒斯坦少女讲述了自己催人泪下的故事：

"我很想继续念书。我也和别的孩子一样有自己的梦想。我的梦想是上大学。眼下我虽然还在这里生活，可我无法想象我的未来，因为我随时都有可能被迫离开德国。看我身边的人还能在这里享受幸福的生活，我心里非常难过。"

默克尔在"德国之声"电台与这个少女对话时说出了一句十分冷酷的话："德国不可能收容所有的难民。"默克尔说过"政治是件十分不易的事情"，可年幼的少女怎么能理解如此深奥的言辞。来自中东和非洲的人为了在欧洲生存，做着谁都不愿意做的工作，住在破旧的房子里，过着艰辛的生活。他们作为廉价劳动力从事简单劳动，虽然为经济发展做出了一定的贡献，但他们又是导致德国失业率上升的原因之一。很多欧洲人都认为，难民正在抢夺自己国家的就业岗位。欧盟的《欧洲经济展望报告》分析了从 2015 年开始的史上最大规模的难民潮对欧盟经济产生的影响。分析结果表明，此次难民潮有可能使欧盟整体 2017 年的 GDP 增加 0.2%—0.3%。

比人口增长更可怕的"人口减少之灾"

下面再看看经济与人口的关系。古典经济学派的经济学家托马斯·马尔萨斯（Thomas R. Malthus）在他的《人口原理》（An Essay on the Principle of Population）一书中讲了令人忧郁的经济故事。马尔萨斯没有预料到由工业革命带来的人类的飞速发展，认为阻碍经济发展的罪魁祸首正是人口。他认为，人口按照几何级数增长，而食粮则按照算术级数增长，食粮的增长速度远远赶不上人口的增长速度，因此，人类的贫困是自然规律作用的结果。工业革命后，生产率发生了马尔萨斯始料不及的变化，经济学家们开始认识到，人口是拉动需求和供给的主要因素。人口成了发展经济的主要动力。

生活条件的好转，大大提高了世界人口的增长率。然而，发达国家却遇到了新的问题。世界人口在增长，可发达国家却因低生育、高龄化问题导致财政负担加重。医学的发达使人类平均寿命大幅延长，而由此引发的高龄化现象又使全民养老金和医疗费用成为财政的巨大负担。赡养老人也成了负担。老龄化问题发展之快，使政府来不及采取相应的政策，在这种情况下，父子两代人之间的矛盾和冲突有可能进一步激化。随着女性地位的提高，越是发达的国家，低生育问题越严重。马尔萨斯说"人口增长是上帝的诅咒"，可如今我们要面临比"上帝的诅咒"更可怕的"人口减少之灾"。

日本的老龄化问题尤为严重,甚至因老龄化问题发生令人毛骨悚然的现象。生活在日本大城市横滨中心寿町小村的一位老者曾说过令人震惊的话,他自责地说,在低生育条件下活得太久也是一种罪过。

"日本人口的四分之一是65岁以上的老人。我们这些老人已经成了社会的负担。国家已经债台高筑,哪有钱养活我们这些老人?我们能活到这个程度也应该感谢政府。俗话说'饿急眼了什么事儿都能干得出来',如果子女抛弃我们,那我们只能故意去犯罪,自投监狱过日子。那里有人管饭,还叫我们锻炼身体。我们老年人中还真的有为此故意当小偷的人。"

日本老年人在经济上要比韩国老年人充裕得多,可老年人贫困化仍在持续之中。老年人被家庭和社会边缘化的现象越来越严重,很多老年人对将来持厌世态度。离开子女独自一人死亡的现象已不是个例,因犯罪而过着牢狱生活的老年人也不在少数,更有甚者,出狱5年的老年人故意犯罪只为重新回到监狱。日本一家研究所发出警告,30年后,日本1000多个村庄的育龄妇女将会消失,人口也因此减少4200万。依此推算,目前1亿3千万的日本人口将减少到8500万。也有人预测,到2040年,将有多半的日本地方自治团体因人口减少而消失。

那么,韩国的情况又怎么样呢?"因低生育率,韩国会不会成为地球上第一个消失的国家"已经成为学界的热门话题。按目前的人口增长趋势推算,到2750年,韩国人口将变成"0",大韩民国将不复存在。如果觉得这是危言耸听的话,可以比较一下小学六年级学生和五年级学生的人数。如果还不相信,可以看看吃着盒饭一门心思准备聘用考试的首尔大学毕业生的血泪奋斗现状。如果觉得这些事例过于极端,我可以举一个很普通的例子。我们不妨做一个合理的假定,假定不久的将来,韩国也开始征收单身税,假定退休人员的退休金一再减少,假定领取全民养老金的年龄被延长,结果会怎么样呢?是的,财政状况恶化,大多数福祉政策被迫中断,城镇基础设施因资金短缺、年久失修而老化,城镇住房因无人居住而成为废墟。现实就是如此触目惊心。现在多数年轻人认为,不婚不育才是减少生活压力、享受自己人生的捷径。可没有婴儿啼哭声的社会该是多么凄凉的社会?如果这样的现象像全景图一样展现在我们的眼前,那么,祖国对我们来说意味着什么呢?

现代管理学之父彼得·德鲁克(Peter F. Drucker)指出,人类最残酷的革命就是"人口减少革命"。关于"人口减少革命",我们通过日本现代史可见一斑。彼得·德鲁克表示"日本社会因人口减少正走向极其艰难、不稳定的社会",并呼吁世界防止"日本化"。低生育率、高龄化会加速位于人口中间层的中位年龄人口的老龄化。由于人人都不生育,中位年龄提升到50岁,那么,构成劳动人口的只有除去占人口一半的退休人员和儿童以外的人。中位年龄的提升直接导致劳动人口的减少。也有人曾建议用机器人代替劳动人口,但这也是脱离现实的想法。劳动人口减少意味着税收减少,而税收减少又意味着财政恶化、购买力下降、经济社会活力萎缩,这些最终都会导致国力的减弱。

诺贝尔经济学奖获奖者西蒙·库兹涅茨站在马尔萨斯的对立面上研究了人口问题。库兹涅茨虽以提出GDP概念而著称,但学界更推崇的是"人口变动周期性地影响经济增长率"的"库兹涅茨曲线"。读库兹涅茨的书不难看出,他的理论中渗透着通过人口增长和创新繁荣国家经济的"进步性气息"。他主张,在现代经济中,人口增长不仅不会阻碍经济发展,反而会促进经济社会的发展。库兹涅茨认为人口越多,创新的可能性也就越大。库兹涅茨还认为,只有当人口持续增长,人均生产年限至少持续30—40年时,经济增长才能实现。库兹涅茨的观点有一个十分明确的前提,那就是在人口增加的同时,人均GDP也要跟着增长,而且GDP增长速度必须要超过人口的增长速度。生产技术的创新就是技术的进步,库兹涅茨重视的实际上是提高劳动生产率。他认为人口规模越大,就越有可能推动技术进步。技术进步了,人均GDP也就增长了,国家也就越有实力抚养更多的人口。

有人说推动经济发展的动力不是来自经济本身,而是来自人口的增长。根据这一主张,政府试图通过提高劳动生产率、放宽货币政策和财政政策,来提升因劳动人口减少而下滑的经济趋势似乎很难实现。看看日本和欧洲目前的情况,经济下滑的趋势似乎很难阻止。再看看韩国,由于人口断崖式地减少,学生数量锐减,很多学校合并,教师招聘规模也在显著缩小。人口减少,高中毕业人数也减少,众多大学的生源也自然会短缺。在这样的情况下,我们还能用调整大学结构的方法解决生源短缺的问题吗?如果调整大学结构,那么多的大学教授该怎么处理,大学的新鲜血液又该如何补充呢?随着文明的发展,生产技术虽然取得了惊人的进步,可整个社会却因人口不足而开始变得不稳定。

过去我们曾经历过一对夫妇生养十多个孩子的生活,由于生育太多,有人甚至说那些夫妇愚昧。要知道,当时养孩子不仅不需要高额的费用,孩子长大后反而能成为自食其力的劳动资产。想一想遥远的将来过着孤独生活的下一代,没能营造一个浪漫的接受孩子带来的幸福感的社会,也许是我们这代人犯下的错误。我们无权埋怨那些人因成本问题而不想生养孩子的合理行为,然而,我们必须认识到,他们的自私行为会使我们的社会变得黯淡。极度的自私和盲目的攀比思维使得低生育成为每个人的选择,但这是违背库兹涅茨信仰的一种恶魔般的诱惑。回想十多个兄弟姐妹围坐在一起听着"卖荞麦凉粉啦"的叫卖声,呼呼地吹着热气,吃着烤红薯的那个年代,那些虽然并不富裕,但还是充满幸福感的岁月,令人怀念。

世界关注印度的原因

联合国预测，30年后，世界人口将由现在的77亿增加到97亿，即到2050年，世界人口将增加20亿。联合国还预测，到了2050年，65岁以上的人口将占到人口总数的16%，未满15岁的儿童只在北非、中东、亚洲发展中国家、北美等地有所增加，其他地方将会大大减少。联合国认为，未来20年全球范围内的年轻人数量将会持续减少，世界将面临因年轻人减少而导致的劳动力短缺、购买力下降的双重灾难，这个预测不禁令人不寒而栗。据预测，到2050年，全世界40—65岁的人口将增加21%，这些人有可能成为主导消费市场的主力军。正因为如此，不少学者认为，谁要是拿下富裕国家的中老年阶层，谁就算拿下了整个消费市场。各大洲人口趋势的变化很大程度上依赖于人口流入、育龄妇女数量以及生育率。未来，年轻人移民有可能大多流入美国、加拿大、新加坡、澳大利亚等国。育龄妇女在北非、中东、印度等亚洲发展中国家呈增加趋势，而在西欧、亚洲富国、东欧、中国等地方有可能趋于减少。

这里有一个全世界都特别关注的国家，那就是印度。随着中国经济增速放缓，世界将目光转向印度。从不久前开始，印度经济增长率已经超过了中国。在印度，虽然因经济、教育水平的提升，女性生育率迅速下降，可整体人口数量仍在增加。据专家观测，增加的育龄妇女人数抵消了下降的生育率，从而使人口不断增加。2027 年，印度人口将超过中国，成为世界第一人口大国。2030 年，中国总人口数量将在达到顶峰之后开始下降。

为此，最近世界主要企业也开始进军印度。苹果公司宣布在印度设立技术研发中心，苹果公司的首席执行官蒂姆·库克（Timothy D. Cook）将印度市场视为未来 10 年苹果产品发展的重要市场。作为依据，他举出了人口红利。当高生育的农村经济转向低生育的城市经济时，生育率自然会下降，但是生育率下降初期，可以用较少的抚养费用培养出更多的劳动适龄人口，从而达到储蓄率和经济指标持续增长的目的。这就是人口红利效果。

截至 2021 年，印度人口达到 14 亿，其中一半人口年龄在 25 岁以下，平均年龄为 29 岁，这比中国平均年龄 37 岁要年轻得多。据预测，印度到了 2025 年老年人比重才达到 7.2%，开始步入老龄化社会。不仅如此，由于印度与以出口为主导的中国不同，追求的是以内需为主的经济政策，因此面对国际市场变化，经济发展也会相对稳定。未来的印度内需市场将由 1991 年经济改革以后出生的年轻一代来引领，他们与自己的父辈不同，将以高教育水平为基础，追求消费导向型生活。

世界银行与国际货币基金组织在《全球监测报告：人口变化时期的发展目标》（*Global Monitoring Report: Development Goals in a Time of Demographic Change*）中对全球老龄化趋势提出警告，建议发达国家积极收容移民或难民。因为到 2050 年，低收入国家的人口占世界总人口的比例将增至 14%。在这种情况下，《华尔街日报》（*The Wall Street Journal*）预测，从低收入国家流入发达国家的移民人数将持续增加。他们认为，被收容的移民或难民也许会给停滞中的发达国家经济注入新的发展动力。

韩国保健社会研究院也表示，从 2024 年开始，韩国将出现劳动力短缺的现象，同时推测，2060年韩国劳动力人口将短缺900万左右。为此，世界银行建议，在东亚相对发达的韩国和日本开放劳动力市场，吸纳年轻的海外移民。目前，韩国国内有人主张设立移民署，但也有人呼吁要严肃对待本国年轻人的失业问题和外国劳动者的犯罪问题，更有人主张纯粹血统主义。在这种情况下，有一个问题值得我们去思考：美国的经济复苏和日本的经济复苏在效果上有一定的差异，这是为什么呢？众所周知，美国的经济复苏政策已经初见成效，利率也有所回升，但日本的经济复苏却没有得到显著的效果，其中原因很多，而日本的著名经济学家认为其原因在于人口问题。他认为日本的经济复苏政策不能不受到劳动适龄人口持续下降的局限，而这就是日本通货紧缩的真相。可以说，现在的世界是人口决定一个国家的财富的世界。

[只图自己活命，结果全都活不成]
约翰·纳什的博弈论

约翰·纳什（John F. Nash，1928.6—2015.5）

  约翰·纳什从数学角度分析了始于20世纪50年代的博弈论。他的数学分析得到了学界的认可，于是在1994年与匈牙利裔美国经济学家约翰·海萨尼（John C. Harsanyi）、德国数学家莱因哈德·泽尔腾（Reinhard Selten）一起获得了诺贝尔经济学奖。约翰·纳什将竞争者之间复杂的利害关系用博弈论的数学原理做了分析，用以"纳什均衡"著称的纳什理论详细地说明了竞争者之间开展的各种威胁和相应对策的力学关系。尽管他的理论有一定的局限性，可还是被企业战略家们广泛运用。

激怒奥巴马总统的避税行为

虽然政府也在创造就业岗位，但政府行为毕竟有一定的局限性，不可能保障充分就业。不管是什么国家，企业都是工作岗位的宝库，尤其是中小企业。只有企业有了奔头，国家才有奔头，这是真理。"企业为什么要存在？"关于这个问题长期以来有很多说法，可不管以什么理由存在，企业一定是追求利润的经济主体。

美国前总统贝拉克·奥巴马总统曾向苹果创始人史蒂夫·乔布斯（Steve Jobs）哭诉，希望他拥有一颗"爱国心"，为了增加美国国内就业岗位，把海外的工厂转移到美国来。对此，史蒂夫·乔布斯的回答是"No"。尽管这是总统充满爱国心的请求，但奥巴马无法得到史蒂夫·乔布斯爽快的回答，乔布斯也不可能做出"Yes"的回答。因为在一体化的世界里，以追求利润为终极目标的企业首席执行官（CEO）不能不考虑股东的利益或其他价值。史蒂夫·乔布斯对奥巴马的回答是"以世界上最好的产品来回报世界消费者"。只要技术水平相差不大，生产出来的产品价格就应该便宜。如果在生产成本中劳动力费用所占的比重较大，那么企业自然会去寻找廉价的劳动力。

英国前首相戴维·卡梅伦（David Cameron）对专挑避税港从事经营活动的企业十分反感，猛烈地批判了它们极端追求利润的行为。但他还是主张，若想吸引外资，扩大就业，在全球化的经济竞争中获胜，就必须降低英国的企业税。辉瑞（Pfizer）是典型的美式制药公司，但只因企业税过高，辉瑞发表了与以肉毒杆菌著称的爱尔兰艾尔建（Allegan）公司的合并宣言，试图脱离美国。这个事件成了2015年最大的企业并购案例。美国的企业税率高达35%，可爱尔兰的企业税率则是15%。因此，如果辉瑞将总部迁往爱尔兰，就能减少年均10亿—20亿美元的企业税。

对此，奥巴马总统大为恼火，果断启动了大规模的避税规制。为了阻止企业合并行为，奥巴马决定对那些80%以上的股份掌握在美国手中的企业，不管其总部在哪里都将其视为美国国内企业。结果，辉瑞与艾尔建的合并计划被迫流产。这是一个极具讽刺意义的规制。面对这一情况，一些具有超强实力敢于跟国家抗衡的跨国企业和富豪们，还是利用"税收条约避税"的方式左右逢源。可以说这是他们向国家炫耀自己超高身价的行为。

面临财政危机的欧洲国家察觉到国民对跨国企业的看法，为确保税收来源果断采取了措施，这就是"税基侵蚀和利润转移（BEPS, Base Erosion & Profit Shifting）行动计划"。一些跨国企业为了避税，将在高税率国家挣到的利润转移到低税率国家。"税基侵蚀和利润转移行动计划"就是为了杜绝这种避税行为而出台的。以二十国集团名义，由经合组织出台的这个行动计划是作为"反对只考虑跨国企业利益的'有害税收竞争'（Harmful Tax Competition）"而发出的痛苦的呼声，这个呼声里还包括将来各国的法令或条约应该规定的一些义务和事项。

苹果公司（Apple Inc.）、谷歌公司（Google Inc.）、星巴克（Starbucks）等跨国企业都曾有过逃避税负的前科，目前还在欧洲进行有关的税金诉讼，看来"税基侵蚀和利润转移行动计划"还没有彻底实施到位。世界各国正在关注有关国际机构是否要制定以元宇宙①（Meta）、亚马逊（Amazon）、苹果公司、网飞（Netflix）、谷歌公司和微软（Microsoft）等"大科技"为对象征收的"数字服务税"（Digital Services Tax）。从2019年开始的对实施全球数字服务税的讨论，随着美国约瑟夫·拜登（Joseph R. Biden）政府的上台而迅速升温。美国财长珍妮特·耶伦宣布撤回全球数字服务税实施中的最大绊脚石——唐纳德·特朗普（Donald Trump）政府的"避税港"（Safe Harbor）政策。数字服务税又称"谷歌税"，是向将法人机构设在税率最低的爱尔兰等国，从而长期避税的"大科技"企业征收的税负。长期以来，美国以"避税港"条款主张企业应该拥有自主选择纳税国的权利。然而，也有一些人认为，随着美国改变态度，也有可能于近期内达成有关"数字服务税"的协议案。当然这里还有很多需要解决的问题。专家指出："美国和欧洲在'数字服务税'规则问题上存在着一些分歧，在税收管辖权和执行方案以及全球制造业等方面，仍旧存在着很多尚未解决的问题。"面对如此新的限制措施，跨国企业将如何应对也是令人深思的问题。不少专家预测，限制措施再严格，跨国企业仍会寻找冲破限制的锦囊妙计。奥巴马总统阻止避税行为的意志也将扩散到全世界。

由于信息和通信技术企业往往在虚拟的世界里工作，所以它们一般不需要用砖头混凝土构筑的工厂。目前，像亚马逊、易贝（eBay）、贝宝（Paypal）等全球性企业的总部都聚集在企业所得税很低的卢森堡。比如，某个企业总部设在卢森堡，而营业场所则设在法国，那么法国征税部门则失去税源。这样一来，在海外网上购物的海淘族，虽然人不在卢森堡购物，却等于在卢森堡刷卡购物。事实上，苹果刷机助手（爱思助手）也在卢森堡设立了只有一个邮筒的简陋的办公室，当作欧洲总部来使用。好在苹果在手机零件制造或应用程序开发上允许韩国企业予以协助，韩国多了一些就业岗位，这一举措也可以算是苹

---

① 元宇宙：META，2021年美国著名社交媒体平台Facebook宣布，该平台的品牌将部分更名为"Meta"，取自元宇宙（Metaverse）。

果公司给韩国的一丝安慰吧。在全球化时代，创新固然很重要，但是如果不采取这种方式在税负和成本竞争中占据优势，企业就很难生存下去。这种企业最终连员工的工资都发不出来，自然会在竞争中被淘汰，在生态界彻底消失。

大家一起放弃金发美女

我们假定相邻的两个地方有几个财务结构相似的加油站,如果其中一个加油站通过降低油价吸引顾客,那么其他几家加油站肯定也会采取相同的办法来争抢顾客。结果,降价策略在哪一家加油站都行不通了,各加油站的收益反而比采用降价策略之前还要糟糕。降低油价对消费者来说是一个福音,可由于几家加油站玩起了相互拆台的"斗鸡博弈",最终避免不了几家加油站都走向亏损甚至倒闭的结果。

现在我们再看看在博弈理论中提出的"囚徒困境"概念。这个概念说明的是"只要互相协助,大家都能做出最佳选择,可如果有一个人一味地追求自己的利益,最后不仅损害自己的利益,还会损坏对方利益"的道理。

假定有两个囚徒。两个人因共同犯罪被逮捕。警察对他们两个人说:

"现在开始对你们进行隔离审查。如果你们二人老实交代犯罪行为,我们就只判三年徒刑。可如果你们二人当中有一个人认罪而另一个人抗拒,那么我们对认罪的人予以无罪释放,而对抗拒的人则处以最高刑罚——无期徒刑。还有,即使你们二人都不承认这次的犯罪嫌疑,我们也会根据你们平时犯下的小错误判处三个月监禁的。"

这时，如果两个囚徒都确信互不认罪，那么，两个人都可能被判最轻的处罚——三个月监禁。然而，在两个人被隔离受审的条件下，他们却各打各的算盘。

"如果对方背叛我，只考虑自己免遭牢狱之灾而认罪，那么，最后被判无期的还不是我吗？"

对方认罪而自己却抗拒，自己无疑会被判处无期徒刑。如果两个人都有这样的想法，那么两个人同时认罪的几率就会增大。这就是两个囚徒所处的困境。举这个例子不是为了讨论囚徒回避处罚的方法，而是为了说明，如何拯救陷入困境，有可能导致非生产性后果的企业而提出的经济学博弈论。

你可能会认为通过认罪换取宽大处理在现实中可以说是次佳选择，但即使有"死不认罪的最佳选择"，在现实中很多人迫于无奈也往往偏向于"认罪的次佳选择"。经济学里把这种现象叫作"纳什均衡"（Nash Equilibrium）。纳什均衡是"只要对方不换策略，我也就没有必要更换策略"的理论。由于没有必要更换目前选择的策略，因此，双方都保持势均力敌的状态。按照上述的例子，如果两个囚徒事先约好死不认罪并相互信任，也许能获得最佳结局，但实际上坦白从宽还是最好的选择。在现实中，往往会出现比这个更糟糕的状况。事实上，只图自己活命而不顾对方死活甚至落井下石的现象时有发生。如果警察手拿一方状告另一方的诉状将两个人都抓走，那才是双方最不愿意看到的结局。在过度竞争的今天，我们是不是生活在比坦白进监狱更险恶的境况中呢？

"纳什均衡"是约翰·纳什在22岁发表的博士学位论文中使用的概念，他是电影《美丽心灵》（A Beautiful Mind）的主角原型，同时也是获得诺贝尔经济学奖的美国数学家。约翰·纳什虽然是非常聪明的青年，但内向而孤僻的性格导致他产生社交障碍，很难理解人类正常的行为举止。尽管性格上有缺陷，可他将数学作为观察和理解世界的工具，向社会散发了"人间最真实的芬芳"。现实中,往往出现选择次佳比选择最佳更好的情况。由于理想与现实往往相矛盾,因此,实际情形更是如此。有时选择次佳不是因为不知道如何选择最佳,而是因为选择最佳不可能实现或不现实。

以注重效率为特征的传统经济学将"不减少他人的福祉就不能增大自己的福祉"的状况叫作"帕累托最优"(Pareto Optimum)。如果以公平的收入分配为前提玩经济这个游戏,"帕累托最优"是赢得这个游戏的最佳手段,就像囚徒困境中两个人都死不认罪的情况一样。然而,实际中,我们往往采取偏向于次佳选择的纳什均衡手段。要想得到最佳效果,就必须更加信任对方、更加团结对方,但现实中做到这一点实属不易。因为人们的志向不同,整个世界又被国家之间的实力差距原理所支配,因此追逐理想并不像说得那么容易。

在电影《美丽心灵》中,约翰·纳什斩钉截铁地说:

"亚当·斯密是错误的!"

约翰·纳什认为合作能带来比竞争更好的结果。电影描述了在寡头垄断条件下,只有与对方合作才能实现均衡博弈的经济学原理。然而,当通过竞争提高效率的经济机制变得可能或成为现实的时候,博弈论也许是行不通的。

电影里出现了一位金发美女,朋友们陶醉于她的美丽,争先恐后地去争夺她。对此,约翰·纳什说了这么一句话:"癞蛤蟆想吃天鹅肉,你们也不拿尺子丈量一下她的'高度'。我建议大家一起放弃她。作为次佳选择,不如在她的周边寻找一位符合自己条件的女友。这样也不会伤了大家的和气。"这是非常现实的一句话。金发美女显然是高不可攀的,既然是追不到的女人,不如在她的身边找一个适合自己条件的女人,这才是最现实的选择。也有朋友提出反对意见,问:"世上无难事,只怕有心人。作为男人大胆地去追求,还怕得不到美女?"对此,约翰·纳什回答道:

"我们现在讨论的是经济问题。必须放弃不必要的竞争和竞争所带来的过重的负担!"

在"只要我一个人过上好日子就行"的刻薄的思维方式蔓延的现代社会,我们似乎能感觉到约翰·纳什在身后指着我们的脊梁痛骂:"你们正在走向极其糟糕的均衡!"

陷入"囚徒困境"的世界

现在让我们重新回到企业所得税的话题上。在个别国家之间的国际竞争体制下，谁都不敢轻易断言对方国家总是与自己友好合作。考虑到这一点，各国都在追求本国的利益。正因为如此，世界各国对本国企业争先恐后地实施放宽限制和企业优先政策。结果，与20世纪90年代相比，国民收入中属于企业的比重（资本收入分配率）增加，属于劳动力的比重（劳动收入分配率）呈减少趋势。

针对这种情况，经合组织经过多方面的分析，提出了全社会关怀弱势群体的包容性增长政策作为解决方案。这个政策一出台，世界各国为抑制"走向深渊的竞争"，向那些号称"避税港"的个别发达国家和发展中国家发出了警告。他们再也不能容忍有害的避税竞争。所谓有害的避税竞争，是指各国为吸引更多的国际资本，对外资在本国获取的利润争先恐后地提供各种税收优惠的现象。经合组织认为，有害的避税竞争也许能够带来一时的经济利益，可最终还是免不了税收严重受损、公平竞争受阻、偷税漏税猖獗的结局。根据纳什均衡原理，只要有一个国家下调企业所得税，那么，别的国家也会争先恐后地下调企业所得税。如果世界各国都认为这是有害的避税竞争，那么经合组织等国际机构就必须以自己的权限发号施令，阻止这种恶性竞争继续发展下去。只有这样，才能有效地维持世界和平。

有必要学习企鹅的合作精神

如果全国的家长一致达成共同抵制中小学生课外培训的意见,那么,家长们因过多的课外教育而带来的负担和痛苦就会减少。然而,现实中却很难达成这样的共识。所有父母都盼望自己的子女上个好大学,遇上理想的配偶,大学毕业后找个称心如意的工作。家长的这种观念已经根深蒂固,让他们同心协力抵制课外教育似乎是不可能的事情。因此,与其动员他们抵制课外教育,不如教育他们打破"只有课外教育才能使子女走上理想的前程"的观念。纵观韩国社会,在"别人都在做,我凭什么不能做"的观念驱使下,人们争先恐后地给子女安排名目繁多的课程,从而给整个国民带来沉重的负担。他们在"囚徒困境"中走上了"极其糟糕的均衡"。得到好的结果固然是幸运的,因为从个人的角度上看,得到好的结果意味着那种行为给他带来了利益;但从社会角度上看,这种行为导致了严重浪费资源的后果。对这种"个人角度上合理,社会角度上不合理"的现象,经济学上叫作"合成谬误"。

为了阻止大企业的扩张以保护中小企业的生存,韩国政府专门规定了"只有中小企业才能涉足的经营范围",不准大企业涉足那些经营范围。这个规定曾一度被废止,如今又重新实施。也有一些学者指出了该规定的负面影响。为了大企业和中小企业共同发展，韩国很早以前就成立了"共同发展委员会"。然而，关键是如何启动企业生态系统内部的互助机制。企业应该认识到，不管是大企业还是中小企业，只有相互激励才能在超竞争的环境中生存。只有中小企业生存下去，中小企业员工的工资才有可能上涨；而只有中小企业员工工资上涨，整个社会的购买力也才能提高。只有社会购买力提高，大企业也才能生存。因此，各企业必须坚信，只有大企业和中小企业通过合理的决策，构筑公正、透明的生态系统，各方才能共存。这才是企业摆脱成本竞争和囚徒困境的途径。在企业的工资总额不变的前提下，一些大企业或工会对员工工资的过度提升会给年轻人的就业造成一定的困难。因此，应该在与新生代共存共荣的角度上看待就业与工资问题。

这个逻辑同样适用于政府决策。如果各国为了提升本国出口竞争力而竞相开展降低本国币值的"汇率战"，世界贸易反而会萎缩，经济萧条状况会持续下去。应该认识到，为了选票滥用不利于持续发展的民粹主义政策，也属于不顾财政状况盲目增加国债的一种囚徒困境。这一切就像乱麻一样交织在一起，使我们的世界变得更为复杂。约翰·纳什看着象征团队精神的企鹅群所强调的一句话至今仍然在我们的耳边响起："我们必须用包容的力量打造相互信任的世界。我们绝不能走向极其糟糕的均衡。"

第三部分

经济与道德准则
(Economy & Ethics)

  大企业为富不仁企图一夜暴富的投机行为、由非理性冲动而产生的人类的贪欲、缺乏合理性的人类避损倾向……这些现象使我们的经济生活更加不安，正在毁坏人与人、企业与企业间的信任。
  有没有恢复人们对社会资本的信任、相生发展的方法呢？经济学泰斗们该如何协调人类的理性和感性呢？如何实现适合于百岁时代的投资呢？什么方案才能有效防止金融危机再次发生呢？第三部分从家庭、企业、政府的角度观察了这些经济道德问题。

[诚信企业才能富起来]

奥利弗·威廉姆森的交易成本理论

奥利弗·威廉姆森（Oliver E. Williamson，1932.9—2020.5）

奥利弗·威廉姆森，美国经济学家，以交易成本观点研究企业的诞生和发展，与埃莉诺·奥斯特罗姆（Elinor Ostrom）一起获得2009年诺贝尔经济学奖。奥利弗关注因不完全市场而产生的交易成本，提出了大企业高效理论。他主张，限制大企业固然很有必要，但不应该因此人为地缩小或限制其规模。奥利弗·威廉姆森从美国麻省理工学院毕业后，在斯坦福大学完成了工商管理硕士（MBA）课程，后又获得卡内基梅隆大学经济学博士学位。

企业越大效率越高吗？

占韩国企业总量 99% 的中小企业都在抱怨生意一天不如一天，它们指责赚大钱却不舍得花钱的大企业是"铁公鸡""守财奴"。虽然在所有企业都面临不景气的今天，大企业也有自己的苦衷，但大企业确实给中小企业留下了不良印象。对此，我们听一听至今经营还不错的大企业的辩解。

"如果世界经济有所好转，我们可以将公司的内部储备金用于再投资，也可以用于研发投资（R&D）。可世界经济持续低迷的今天，我们也必须拥有一定的储备金。尤其像韩国这样经营保障措施不健全的国家，企业内部储备金等于是应对海外敌对企业并购风险的保险金。目前国内的很多企业，外国人持股率超过 50%，这说明我们的企业防御海外企业并购的能力非常薄弱。因此，保留用于购买本企业股票所需要的储备金是最好的防御对策。"

也许是出于这个原因，韩国政府不分大企业还是中小企业，凡是对电动车、生物工程、物联网（LOT, Internet of Things）、智能汽车等新兴产业的研发投资，都打算给予 30% 的最高标准税额减免优惠。人们往往把中小企业看成"辛勤的蚁族"，认为应该对它们的发展壮大给予保护和培养。在韩国，尽管中小企业向韩国社会提供了 88% 的就业岗位，但是由于它们的经营受到大企业寡廉鲜耻的行为的压迫，因此对大企业产生厌恶情绪也是在所难免的。正因为如此，"9988"（在韩国，中小企业在全部企业的占比为99%，中小企业员工在全部员工的占比为88%）成为象征中小企业的名词。

在这种形势下，出现了一位被人们称为"散发大气之香的男人"的经济学家，他就是荣获诺贝尔经济学奖的奥利弗·威廉姆森。他极力赞扬大企业，认为大企业是最具效率的企业组织形式。然而，在认为大企业"为富不仁"的韩国国民的眼中，他的这一观点显然是引发众怒的"不当言论"。为了理解奥利弗·威廉姆森的这个观点，我们不妨用汽车制造公司举例。市场上有无数个汽车制造公司的合作伙伴，汽车制造公司为了制造完整的汽车必须与合作伙伴建立良好的合作关系，只有这样，制造汽车所需的各种零部件才能源源不断地流入制造公司。如果对一些合作伙伴不怎么放心，那么汽车制造公司也可以整体收购合作伙伴，把它编入自己的企业集团内部。市场上这样的现象很多，有收购零部件生产企业的，也有因流通网络不够畅通收购流通领域的销售企业的。企业为应对市场上的不确定性而采取的这种措施叫作"纵向整合"或"纵向一体化"。

威廉姆森认为，在合作伙伴不可靠时，大企业可以采取纵向一体化的方法。对此，我们应该把这种行为看成大企业提高效率、消除市场不确定性的一种手段，而不能说是大企业的霸道行为。事实上，大企业的霸道行为确实存在，而且在我们身边也经常能看到。假定有一家专门给某一特定大企业提供零部件品的中小企业，市场上称这种现象为"大企业需求垄断"。由于这家中小企业的客户只有那一家特定大企业，因此，如果大企业利用中小企业的这个弱点恶意压低中小企业的供货价格，那么，这家中小企业只好吃哑巴亏。从这一点上看，对大企业进行规制是必须的。威廉姆森也承认，对大企业利用垄断力量胡作非为的行为进行规制确有必要。可他同时又认为，不能因此随意限制大企业的规模。威廉姆森的依据是与需求垄断相反的供给垄断：如果负责零部件供应的中小企业心血来潮要求大企业提高供应价，大企业就会面临提高价格的危险。如果这样的事情反复发生，大企业为了消除市场不确定性，减少交易成本，就会并购原先是合作伙伴的这家中小企业。结果，一家中小企业的错误举措成为大企业扩张的诱因。

偏向中小企业的人会对威廉姆森的这种观点十分反感，如果没有纵向一体化，大企业与中小企业会建立什么样的关系呢？威廉姆森认为，大企业与中小企业的关系可以是威逼、温情、互信的关系，其中互信是关键。作为正面例子，他提到了日本丰田公司。

"丰田公司的核心合作伙伴在与丰田的长期合作过程中，为加强作为零部件供应商的力量，从丰田公司那里直接得到了很多经验。丰田公司将一般的通用技术与核心竞争技术区别开来，以外包形式向自己的中小企业合作伙伴提供了核心竞争技术。这就使中小企业借助核心技术的力量在竞争中谋得生存。从这一点上看，丰田公司对中小企业的培养做出了巨大的贡献。"

威廉姆森语重心长地说，大企业和中小企业要共存共赢，关键是相互间的信任。然而，现实却总是不尽如人意，企业之间互不信任的现象比比皆是。威廉姆森批评福特汽车公司和通用汽车公司的这种做法时说：

"过去，福特和通用等美国汽车公司在与中小企业的关系上一贯采取高压姿态，严重削弱了中小企业的竞争力。对此，它们必须做出深刻的反省。美国汽车公司之所以倒闭，就是因为大企业对自己的合作伙伴一贯采取高压措施。它们似乎胸有成竹，不惜大举借债并购中小企业，急于扩大企业规模。然而，这恰恰是不幸的开始。"

威廉姆森认为，纵向一体化的成功与否、大企业与合作伙伴之间的交易模式合理与否、交易成本减少与否等因素决定企业的成败。他指出韩国也不例外，大企业和中小企业只有在相互信任的前提下结成契约关系，合作才能长久，效率才能随之提高。

大企业是"铁公鸡",中小企业是"蚂蚁族"?

事实上,在追求各自利润的市场上,严格规范企业之间的合作行为是一件很难做到的事情。披萨企业以各种借口欺压自己手下的特许加盟店曾经是企业界的一个热门话题,事实上,企业之间相互欺压的现象一直没有间断过。原本十分景气的韩国造船企业看到造船市场不景气,便开始进行结构调整,可他们至今仍没有弄清楚今后的发展方向。用煤气自杀身亡的韩国庆尚南道①的造船公司第一合作伙伴的老总在遗书中吐露了他悲壮的心声:

"发放工程款的日子快要到了。我就怕拿不到那笔钱。已经有三年没有拿到工程款了。我现在身无分文,实在干不下去了。真心希望能保障职工的利益,不让他们受到损失。"

这件事要怪就怪发包公司的霸道行为,可面对造船行业全面滑坡的现实,大企业也无能为力。造船企业为了减轻大规模亏损,只好将债务转嫁给转包企业(中小企业),而转包企业为了生存,只能克扣员工工资。这里我们不禁反问:受到过度保护的大企业工会和大企业管理层是否真正为劳动力市场担起

---

① 庆尚南道:韩国著名的工业、制造业地区,道级行政区。——编者注

了他们应有的责任呢？大企业不透明的经营结构或第二代、第三代世袭经营制度成为众矢之的已不是一两天的事情。大企业虽然不违法，但是对它们在规定界限边缘以"打擦边球"的方式集中和滥用经济权力的行为，政府当局不得不采取经济上的限制措施。当局通过小股份建立多个环节来运营大财阀集团，对此，连一次像样的海外旅行都没有过的普通民众怨声载道。在经济前景不佳，结构调整不可避免的情况下，企业减员威胁着劳动者的利益，就连大企业的新进员工也有可能成为牺牲品。这样的现实实在令人感到悲痛。

为培育中小企业，韩国曾出台过"隐形冠军（Hidden Champion，具备强大潜力的中小企业）培育措施"，然而，韩国玛纽尔公司（Moneual，全球最大的家庭多媒体服务器提供商之一）却恶意利用这一措施骗取2万亿韩元，给金融企业造成了数千亿韩元的损失。更有甚者，韩国国策银行的一些职员被以假账骗得巨额贷款、在中小企业中被誉为"资金猎手"的韩国KM数码科技公司所利用，向其提供接近天文数字的巨额贷款并收受贿赂，最终以受贿罪被捕。事实上，这种恶意利用政府补贴或金融政策的例子不胜枚举。这些中小企业和一些政策部门和金融部门的负责人，将政府预算视为"天上掉下来的钱"。对此，人们不禁提出疑问：大企业是否真的是心怀不轨的"铁公鸡"，中小企业是否真的是任劳任怨的"蚂蚁族"？也许，中小企业也跟大企业一样，是给国民经济造成负担的"害群之马"，甚至有过之而无不及。

患上"彼得·潘综合征"的企业

威廉姆森的理论在当今的互联网时代是否仍然适用？有人主张，在互联网时代，企业只关注核心力量，剩余的全部转包出去，这样更有利于交易成本的降低。下面让我们听一听支持网络市场成本降低效果的主张。

"由大企业控制垂直价值链的做法已经过时。看看新兴的以消费者为主导的价值链，由于消费者能够自行设计、制造（创造）、销售（供给）财产和服务系统，许多中间环节变得不再有必要。经济过程变得比以前更简单了，而这样的经济还可以创造数亿美元的价值和就业机会。如今，依靠大企业巨大的研发预算和封闭式组织结构所维持的大批量生产模式，已经很难满足对成本和环境非常敏感的消费者的需求。"

随着电脑和互联网的普及，全球信息沟通越来越快，海外转包已经成为非常简单的事情。通过互联网形成的灵活的网络市场上，拥有不计其数的具有充分资质和可替代的供应商或合作伙伴。尽管行业之间有所差异，但企业投身于网络市场，确实可以减少交易成本，这已经成为了人们的共识。当然，同时也出现了IT企业的超大型化。

现在，我们抛开企业超大型化好坏的话题，深入一步研究企业规模问题。

企业资产规模扩大了到底好不好？韩国政府虽然于2016年发表了"大企业集团指定制度"执行状况报告，然而，这个报告却备受人们诟病。因为作为大企业指定标准的"5万亿（韩元）资产"（2008年调整额度）并未反映经济规模增大后的现实状况。可可（Kakao）和赛尔群（Celltrion）被指定为大企业集团的当天，金融市场并没有将它们视为大企业集团。因为它们对股市上涨没有具备利好因素。一个企业被指定为大企业集团，子公司之间的出资、新增循环出资、债务保证等行为将被禁止，所属金融、保险公司的表决权将受到限制，还要承担多项公示义务。也就是说，大企业集团将受到很多法令和规定的限制。韩国全国产业联合会主张，如果这些规制成为大企业发展的枷锁，那么应该把原先规定的5万亿韩元标准提升为10万亿韩元标准。对此，韩国政府也在积极探究大企业资产标准到底应该提升到什么程度。

也有的企业为了逃避监管不愿被指定为大企业集团，为此，它们拒绝并购中小企业，消极对待企业扩张。它们宁愿安于现状也不想扩大企业规模，从而患上了"彼得·潘综合征"。为了回避成人的义务和责任，长大成人以后还想继续当小孩子，美国心理学家丹·凯利（Dan Kiley）把这种心理现象定义为"彼得·潘综合征"。那么，"彼得·潘综合征"是只存在于大企业的现象吗？有人很早以前就主张，已经成长为大企业的中小企业为寻求保护伞而重新回到中小企业行列里，这种中小企业型彼得·潘综合征成为了培育全球化小而强企业——"隐形冠军"的阻碍因素。

"隐形冠军"强国——德国

作为"隐形冠军"强国的德国是什么情况呢？尽管整个欧元区陷入欧元危机，但德国企业的销售额和营业利润却再次上升，业绩持续向好。这与德国按照"劳动生产率＝工资"的模式积极提高劳动者的工资和扩充消费能力是分不开的，当然"隐形冠军"也发挥了很大的作用。"隐形冠军"指的不是大企业，而是具有强大潜力的中小企业和中坚企业。德国的隐形冠军与韩国的隐形冠军不同，它们规模十分庞大，从创业阶段开始就推行全球化战略。德国企业最大的特点是为数众多且寿命长。这些企业与规模的大小无关，只要从上一辈传承后连续7年经营并维持一定程度的就业、经营资产，就能享受100%的税收减免政策（2014年12月，对部分税收减免政策做出违宪判决）。

在德国，子女传承父辈企业不再是简单的子承父业，而是属于企业永久性、持续性的企业文化问题。老一辈人坚信，下一辈继承企业后能够维持其原有的竞争力，积极创造就业岗位，扩大国家税源，从而为国家经济的发展做出贡献。在德国，除了中小企业培育政策以外，不存在因企业规模大小不同而给予不同优惠的现象。有人主张韩国也有必要制定相应的政策，为企业扩张排除障碍，鼓励企业扩大规模。韩国的大企业集团指定制度在外国人眼里是韩国特有的"抑制经济实力集中的制度"。国外对中小企业适合行业指定制度也是褒贬参半。既有人认为应该保护中小企业特有行业，以免它们被并入大企业，也有人认为如果这样做，中小企业只能成为满足于现状的"彼得·潘"。

韩国国民对本国大企业的印象普遍不好，人们把大企业看成为富不仁、颐指气使的主体。而德国人的脑海里几乎没有这样的意识。德国自1990年统一后成功地实现了社会大融合。与拥有200多年工业化历史的德国不同，韩国只经历了短短半个世纪的压缩式增长。在这个过程中，由于韩国推行了以大企业为中心的经济发展政策，因此，中小企业和中坚企业只能落后于大企业。这也是大企业和中小企业之间不公平竞争持续到今天的原因。对此，有人主张应该制定大企业和中小企业之间公平公正的供货单价、超额利润共享等共同发展政策，并使这项政策法律化、制度化。他们指出，超额利润共享等自律性的共同发展政策收效甚微，大企业肆意压低供货单价的行为和对中小企业的技术剥夺现象仍然存在。也有人提出应该废止这种存在违宪嫌疑的制度，代之以大力提倡以自律协议为主的共赢战略。在全球化世界里，如果没有企业竞争力，国民和国家都将难以生存。大企业为降低成本纷纷走向国外，国内产业只留下一个空壳子。这种现象还要持续到什么时候呢？

在韩国，像过去那样由中小型企业发展成中坚型企业，再由中坚型企业发展成大型企业的事例越来越少，因为很多中小企业都安于现状。韩国大企业要想成为全球性企业，就必须采取与中小企业共同发展的战略。由于全球竞争格局正在从企业之间的竞争转向企业网络之间的竞争，大企业与中小企业共同发展变得更加迫切。威廉姆森是从效率的角度上强调交易成本的，但他也承认最具效率的还是企业家的创新意识。在低增长结构已经变得固化的今天，必须从企业之间的共生共赢中寻找创新突破口。要通过积极打造共同分担风险的氛围、积极创造激发创新意识的教育机会，积极进行技术创新和研发合作以及在产品设计、生产和销售中的协作，使人们树立"只要努力拼搏就能共生共赢"的信念。只有培养这种创新能力的成果创造型协作精神，才能带来基于大企业和中小企业相互信任的共赢结果。

微软公司作为全球超一流企业，拥有比自身规模大100倍以上的企业生态系统。微软公司的比尔·盖茨（Bill Gates）坦言，比《反垄断法》更可怕的是有些人的创新可能使他的"视窗操作系统"（Windows）一夜间被摧毁。为此，他投入天文数字的资金来支持企业生态系统的高效运转和创新。约翰·凯恩斯说"构思新创意不难，难的是摆脱旧的传统观念"。从现在开始，我们必须摆脱旧的传统观念，用威廉姆森所说的以信任为基础的共赢精神去创造的新的价值。我们应该让大企业和中小企业从"铁公鸡"和"蚂蚁族"的对立关系变成一对共生共赢、同甘共苦的兄弟关系。我们的企业生态应该紧跟时代的步伐，走出互不信任的世界，以真正的信赖精神走向未来。

[天才也能成为成功的投资者?]
罗伯特·默顿的"基于目标的投资"

罗伯特·默顿(Robert C. Merton, 1944.7—)

罗伯特·默顿于1966年在哥伦比亚大学攻读数学以后,在加州理工大学获得科学硕士学位。1970年默顿在麻省理工学院转攻经济学,获得博士学位。罗伯特·默顿作为美国经济学家和金融专家,运用"布莱克—舒尔斯模型"(Black-Scholes Model)与斯坦福大学教授迈伦·舒尔斯(Myron Scholes)共同开发了"期权定价模型",推动了期权市场的快速发展。1997年,罗伯特·默顿因这项成果与舒尔斯一起获得诺贝尔经济学奖。他长期研究将数学应用于金融领域的课题。罗伯特·默顿在麻省理工学院读书时的导师正是美国首位获得诺贝尔经济学奖的保罗·萨缪尔森。

比别人聪明就能赚钱？

这世上没有不喜欢钱的人，天才也同样会拼命追求金钱。往往越年轻，就会越疯狂地追逐金钱。人一旦尝到金钱的甜头，就难以抵挡那甜蜜的诱惑。英国物理学家艾萨克·牛顿在1720年投资股票，一度获得巨大收益。尝到甜头以后的他继续扩大投资，然而最终却一败涂地，血本无归。经历过破产之痛的牛顿给股市留下了这样一句名言：

"我能够算准天体的运行，却无法计算人类（对股市）的疯狂。"（I can calculate the motions of heavenly bodies, but not the madness of people.）

牛顿一开始购入被称为"股市三大泡沫"之一的英国南海公司的股票，后来经过反复的买进卖出，最终损失了约90%的财产，即2万英镑。南海公司是从英国政府获得西印度群岛和南美地区贸易专营权的公司。抱着在新大陆上发现巨额金银财宝的期待，他们掀起了炒股热潮。按理说，牛顿是一个以最理性的思维从事科学研究的科学家，但令人不可思议的是，这样的一个人居然在股市上变成了屈服于非理性行为的弱者。凡是炒股的人，即便股价一路暴涨，心里也总是忐忑不安，唯恐一夜之间股市暴跌。他们追求的目标是不但要收回自己的本钱，还要赚别人的钱，从而继续创造成功神话。所以当他们看到自己没有像别人那样获得几倍的收益，心里就会很不平衡。然而，这就是非理性的人类心理。一旦掉进毁灭的泥潭，就会陷入无尽的恐惧之中，发出撕心裂肺的悲鸣，这就是人类悲哀的自画像。"唯我例外"的人类侥幸心理书写出了无数篇"不幸的股票投资史"。

很多人认为他们之所以能够赚钱是因为自己比别人更聪明，其实这也是错误的想法。就算有人以超人的智慧发明了能用概率解释现实市场的数学模式，瞬息万变的市场行情能够被这个凭主观臆测得出的数学模式所摆布吗？

罗伯特·默顿早在十多岁的时候就已经是一个炒股狂。在加州理工大学攻读博士期间，他将理工大学的课程放置一边不管，全神贯注地投入股市。后来默顿转到经济学专业，开始攻读经济学博士。当时是"布莱克—舒尔斯模型"的变形——金融衍生品定价模型正在流行的时候，华尔街一时充斥着无数的金融衍生品，投资银行因此获得了天文数字的收益。读完博士课程，罗伯特·默顿在"布莱克—舒尔斯模型"的基础上，创立了再加上自己名字的"布莱克—舒尔斯—默顿模型"，为期权市场的发展做出了重大的贡献。

迈伦·舒尔斯与费舍尔·布莱克（Fischer S. Black）一起开发了能够预测股票期权和其他金融衍生品价值的"布莱克—舒尔斯模型"，舒尔斯以此获得1997年诺贝尔经济学奖。遗憾的是布莱克在1995年因癌症不幸去世，按照对亡者不授奖的惯例而未能获得诺贝尔奖，取而代之的是与舒尔斯共同创建对冲基金的"十多岁炒股狂"罗伯特·默顿。

罗伯特·默顿创建了一个由当代天才组成的长期资本管理公司（Long Team Capital Management，简称LTCM），获得了巨大的收益。他非常关注为期30年的新发行国债和发行29年零6个月的国债之间微妙的息差，只要发现流动性较大、人气较高的新债券比已经发行的旧债券在利息上略低，且债券价格略高，他便放手进行交易。他往往用相当于本金30倍的巨大的借入资本进行套利交易。他利用无风险套利技巧（Arbitrage）获得了巨额收益，一时间觉得自己拥有了整个世界。然而，他高兴得太早了，上帝向这个得意忘形的罗伯特·默顿射去了诅咒之箭。随着市场的不稳定，变数陡然增加，被称为天才对冲基金的长期资本管理公司结束了高收益的辉煌时刻，公司一瞬间轰然坍塌，罗伯特·默顿本人也倾家荡产，失去了一生积累的名声。

通过上述两个案例，我们应该领悟什么道理呢？金融衍生品是时间的产物，因此，每秒之间都会悲喜交加，问题是我们能不能准确把握住那个每一秒钟。时间似乎以超过一秒的单位向我们发出"人类无知"的警告。实际上，这是一个很简单的道理，即"不能因为过去没有发生过危险，就断定今后也不会发生危险"。在投资世界里，最大的风险来源便是时间。时间往往会使人付出比它所具有的价值更大的代价。哪怕是微不足道的风险，只要其影响力扩大，就会带来不可估量的损失。低风险实物可以持续保存，可有时间限定、过度借贷的商品会被强制出售。无论在经济上还是生活上，时间和借贷都是引发风险的重要原因，这就要求我们时刻察看引发风险的各种因素。

比遗产更重要的东西

"要想攀登顶峰，就要承受加倍的辛苦。同样的道理，要想得到最佳收益，就得承担更大的风险。"

这是我们所知的最基本的投资原则。如果既不想承担风险，又想得到高收益，是不可能的事情。一个获得诺贝尔经济学奖的天才将自己一手创办起来的公司一夜之间搞垮，他事后领悟到什么呢？

经历过惨痛的失败以后，已经成为股票界老将的罗伯特·默顿开始关心起财务设计了。他相信通过"基于目标的投资"（Goal-based Investing）既可以管理风险，也可以形成稳定的现金流。因此，他也强调不能盲目地信奉理论和模型。他说模型只不过是用来解释世界的工具而已，对他来说，模型只是投资的参考事项。经历过失败以后，天才观察世界的眼光的确发生了变化。收益率再好的商品也不能保证它的高收益率在将来继续延续下去。即便是同一条航线上的飞机，根据飞行员的能力和判断，一次飞行可能会成为安全的旅行，也可能充满危险。购买基金时，尽管那些基金过去辉煌，但也只能作为参数来考虑。

要问老龄化时代最大的危险因素是什么，人们可能回答说："健康状况每况愈下，身上却没有钱，而且一时半会儿死不了。"人们都想长寿，可对没有多少财产的人来说，对长寿的看法就不一样了——他们反倒害怕自己活得太久。正因为如此，退休后的资金设计显得尤为重要。如果我们向身经百战的老将罗伯特·默顿询问如何设计好退休以后的资金，他会说：

"正确设定目标是有效管理投资的基础。这就是'基于目标的投资'的概念。以退休养老金为例，管理个人财产的金融公司似乎把退休养老金理解为积累财富的来源，其实不然。事实上，养老金是以退休后尽量增加固定收入从而维持一定的现金流为首要目标的。要知道，目标决定投资。假定目前年收入为6000万韩元，退休后的期望收入为目前的70%。那么，退休以后所需年养老金就是4200万韩元。如果国家养老金或个人养老金只能充当一部分现金流，那么剩余的现金流则需通过投资来解决。只有这样，才能决定为了实现这个目标需要存多少钱、需要增加多少股票投资比重。"

先设定最低、最保守的目标，然后为达到这一目标而储蓄、投资，这就是罗伯特·默顿的解释。这个解释对我们捉襟见肘的生活现状来说似乎十分空洞，可这句话是正确的。因为他在后面还加了一句话，即一旦实现目标收入后，必须减少包括炒股在内的所有风险投资，只投资于安全资产领域。也就是说，积攒退休金的目标是维持基本生活，因此没必要将自己的退休金投入风险投资领域。他还说道：

"如果储蓄不足，就得利用现有的房产。与其把房产当作遗产传给子女，不如把房产当作今天的收入来源增加更多财富。若把现有的房产流动起来每个月能够获取一定的收入，那么就应该把这个财产充分利用起来。"

在个人财务设计中，最有用的信息是正确把握自己目前的收入是多少、自己预计的退休时间是什么时候、自己期望的目标收入是多少、为实现目标收入需要储蓄多少等。在此基础上，每个人要设定自己目标收入的高低。利用住房反向抵押贷款也是不错的选择。极力赞成住房反向抵押贷款的罗伯特·默顿，是怎么理解哪怕累死也要给子女留下一间房的韩国父母的心情呢?

"世界很多人因为手头没有钱,把生活当作'活着'。在韩国,再困难也要支付医疗费和红白喜事费。可他们也不敢向已经成家的子女伸手要零花钱。子女们也为了生活气喘吁吁,韩国父母的这种心情是可以理解的。然而,事实上你给子女留下的不应该是房产,应该是你健康的生活。对子女来说,最大、最好的礼物莫过于父母健康地活着。这就是'基于目标投资'的价值所在。"

为激活住房反向抵押贷款政策,韩国政府提出的"住房抵押贷款三套餐"是以住房为担保偿还家庭负债,剩余的住房贷款从一定年龄开始以养老金偿还,从而保障老年生活的一种金融商品。房价上涨,住房抵押贷款差额可在事后得到返还,可养老金并不会因房价下跌也跟着减少。如果贷款购房的人不卖掉房子还贷,而是将原来的贷款转换为住房抵押贷款,将有利于安居养老。过去房地产暴涨时期,人们出于对市价差额的期待,希望拥有自己的房子,可房地产价格已经涨到极限,在很难赚得市场差价的今天,如果好好地利用住房反向抵押贷款这一金融商品,对我们的生活也许会有一定的帮助。

罗伯特·默顿十分看重成熟的投资者的姿态。

"设定好退休后的目标收入,然后再制订适合每个人的退休计划。这样做,安全资产和风险资产就自然而然地被划分开了。如果在生活中发生重大的变化,只要按照变化的情况重新调整目标,相应地变更投资计划即可。获得自己意愿中的退休收入,只有三个方法,即延长退休时间、增加储蓄、承担更多的风险。"

如何安排生活，如何做好风险管理？

炒股往往会让人陷入非理性的情况。股价一上涨，人们会不知不觉地卷入"群体本能"①而涉足股市。如果手头的股票抛完之后股价继续上涨，人们便会后悔因抛售过早失去了挣大钱的机会，这时看到旁边的人炒股挣了大钱，便会眼红，妒忌不已，在忍无可忍的情况下再次投身股市。为了一次性挽回之前失去的收益，他们不惜借大钱购入股票。尽管此时泡沫已经破裂，股价暴跌，可他们还是执着于过去的股价水平。按理说事情已经发展到这个地步，应该适可而止或见机行事，可他们眼看股价开始下跌仍不亏本抛售，等到股价跌入谷底时再抛售已经晚了，最后落得鸡飞蛋打的下场。要在股市成功，首先要节制自己的欲望，制定只属于自己的投资原则。

如果把罗伯特·默顿"基于目标的投资"原则分别应用于个人、政府、企业会怎么样呢？对个人来说，当然要通过养老金储蓄或公积金、固定收益年金不断提高收入。可对国家或企业来说，由于老龄化或低利息等原因，资产运营并不容易，因此，现实中很难保障本金，也很难维持固定收益年金。

---

① 群体本能：Herd Instinct，又称羊群本能、从众效应，指一味地追随大众的想法或行为，缺乏自己的个性和主见的投资状态。——译者注

在养老金改革成为全世界的热门话题的当今,芝加哥市因沉重的养老金负担面临破产的危机。最近,随着养老金改革失败,信用等级一再下降,芝加哥市已经成了财政几近亏空的"垃圾城市"(Junk City)。目前,芝加哥市因身背高达几百亿美元天文数字的债务而备受煎熬。因养老金赤字(约占芝加哥市预算的三分之一)导致财政崩溃后,作为苦肉计推进了公务员养老金结构改革案,可伊利诺伊州高级法院对此作出违宪判决。于是,专家学者说,除了大刀阔斧地裁减公务员外,别无他法。因过度的养老金支付负担,教育的核心功能也受到威胁,许多学校被迫关门。芝加哥市在万不得已的情况下,只好采取削减小学运动队补贴、高中上课时间推迟45分钟以节省校车费用、解雇大量教师的措施,每个班级的学生人数也因此大幅增加了。

企业的退休养老金又怎么样呢?罗伯特·默顿认为,由于低利率政策的实施,企业的退休养老金运营状况不可能好转,很难继续维持固定收益养老金制度。固定收益养老金制度是指,劳动者退休或丧失就业能力之前,雇主按劳动者工龄、职位等因素提前确定一个固定的退休津贴数额的制度。企业每年要向金融公司积存保证金并负责运营,与企业的运营结果无关,劳动者可以按照事先确定的数额领取退休养老金。与此相反,雇主和劳动者共同承担费用,由劳动者负责运营的固定缴款养老金,由于运营主体是劳动者,因此除了减免税收优惠以外,运营结果好坏全部由劳动者承担。劳动者运营好固定缴款养老金,就会在很大程度上减轻雇主的负担,可在如今的低利率年月,运营好固定缴款养老金并不容易。罗伯特·默顿说,在过去10年里,退休养老金从固定收益型转变为固定缴款型是一个世界性的趋势。这是因为,用老龄化和低利率为代价来保障劳动者的晚年生活,对企业来说是一种负担。

比起最高经营者经营企业的风险,人们更害怕养老金所带来的风险。退休后,劳动者和经营者、国家与民众围绕着"制度的可持续性"产生不同的想法。

信守承诺和不可持续的立场之间必然会产生矛盾。按平均寿命60—70岁来设计的养老金制度能否持续到100岁时代？如果低利率成为常量，那么，问题就更大了。保障本金和利息的养老金金融商品被禁止出售，原因也在于此。如今随着医学的发展，整个社会需要更多的退休资金。为了不让退休人员过上穷困潦倒的晚年生活，我们的社会必须立刻实施"基于目标的投资"。

[贪婪和恐惧如何驱动经济？]

罗伯特·席勒的非理性繁荣

罗伯特·席勒（Robert J. Shiller, 1946.3—）

罗伯特·席勒于2013年与尤金·法玛（Eugene F. Fama）、拉尔斯·汉森（Lars P. Hansen）一起获得诺贝尔经济学奖。罗伯特·席勒是美国康涅狄格大学评选出的"全球最具影响力的100位经济学家"之一。他曾就读于密歇根大学和麻省理工学院，之后又就读于宾夕法尼亚大学沃顿商学院，目前是耶鲁大学教授。罗伯特·席勒堪称行为经济学大师。与把"理性人"作为基本前提的古典经济学不同，他将着眼点放在人类的行为方式上。罗伯特·席勒于2000年出版的《非理性繁荣》（Irrational Exuberance）是一本警告美国房地产市场泡沫的书，成了全球畅销书。罗伯特·席勒创立了统计美国主要大城市房价的"凯斯—席勒房屋价格指数"（Case-Shiller Home Prices Index）。

只有经济停滞才能看得见的泡沫

　　油价疯狂上涨的年代是否已经消失在历史的尘埃之中？眼下，油价已经成了全球经济的"风险因素"。由于产油国购买力下降，石油需求减少，石油贸易陷入萎缩境地。回想几年前因石油价格居高不下而饱受煎熬的日子，不禁感到恍如隔世。下面，让我们将时针拨回十几年前，回顾一下油价居高不下的岁月。

　　整个2008年人们最关心的话题，是自2003年9月以后的五年间油价上升5倍从而导致通货膨胀，引发经济衰退。石油输出国组织（OPEC）秘书长宣布，由于利比亚的减产威胁，当年夏天油价将升至170美元/桶。可能是与投机势力相勾结，不断上涨的原油价格甚至引发了"第三次石油危机"的说法。当时，美国议会制定了期货市场上限制投机交易的法律，国会议员们则忙于统计选民票数。有人主张，过度的期货市场规制违背有效市场原理，会使国内资本流向别的国家。另外一些人则认为，高油价在给低收入层和中产层带来痛苦的同时，让那些投机势力中饱私囊，于是他们要求利用"强化规制"的武器向投机势力发起猛攻。当时的原油市场上出现了供给能力赶不上急速增加的需求的现象。由于各种条件十分有利于油价的上升，因此，在期货市场上向油价上升一方下赌注的投机势力期待油价继续高速向上攀升。就像几株郁金香能抵上房价的年代一样，油价上升也成了"只有经济停滞才能看得见的泡沫"。

抱着股价持续上升的期待，人们争先恐后地投身于股市的1966年，美国前联邦储备委员会主席艾伦·格林斯潘（Alan Greenspan）用简洁的"股市陷入'非理性繁荣'"一句话平息了热火朝天的证券市场。在当时的讲话中，他这样说道：

"我们该如何预测非理性繁荣使资产价值非法增值的时期呢？非理性繁荣可能会导致像过去10年日本经济萎缩一样的长期萧条现象。"

他警告人们注意非理性繁荣现象，说：

"我们这些在中央银行任职的人员，有责任防止破裂的资产价格泡沫威胁生产、就业和物价的稳定。"

中央银行除了稳定物价以外，还担负稳定金融的责任。对于他的这句恰如其分的发言，各地股市在同一天都神经质地做出了反应，即日本（-3.2%）、香港（-2.9%）、德国（-4%）、英国（-4%）、美国（-2.3%）的股价不约而同地下跌了。那天格林斯潘是否在自己的家中伸出舌头扫了一下杯中溢出的啤酒泡沫，我们不得而知。当时的股价暴跌虽然已经消失在记忆的深处，可在后来每当股市过热时，"非理性繁荣"这句话就像心灵深处的记忆一样浮现在我们的脑海里。

在科技股泡沫中似乎会无止境地上涨的纳斯达克指数在2000年3月10日上达到5132.52点之后，到了4月14日跌到了3321.29点。35天内跌落了35%。而在金融危机期间，似乎无限下跌的道琼斯指数跌落到7000点之后，到2021年重新跃过36000点，刷新历史最高纪录。可见，股价是个涨起来没有上限，跌起来没有下限的"妖怪"。

也许是从格林斯潘那里得到的灵感，获得诺贝尔经济学奖的罗伯特·席勒教授以"非理性繁荣"为书名撰写了自己的著作。在这本书里，他分析了美国国民用非理性贷款像飞蛾扑火一样跳入房地产市场的行为。席勒教授对2000年年初的互联网泡沫和2008年次贷危机早有预料，他在2015年撰写的著作《债券市场有多可怕》（*How Scary is the Bond Market？*）中指出，美国债券价格已经达到过高水平，并谈到了其崩溃的可能性。他利用以自己的名字命名的指数精确地分析了房地产市场。了解美国住宅市场走向的最具代表性的经济指标之一就是"凯斯—席勒房屋价格指数"，这是罗伯特·席勒教授在20世纪80年代与韦尔斯利大学的卡尔·凯斯（Karl E. Case）教授共同创建的指数。由于美国信用评级机构标准普尔公司（S&P）也参与其中，因此，这个指数能够周期性地反映美国城市住宅价格的变化。通过这个指数我们可以看出罗伯特·席勒作为经济学家的影响力有多大。

"泡沫"是"心理传染病"

任何人都难以准确测定资产价值远高于其内在价值的泡沫。比如说房地产，我们假定"价格收益率"（Price Income Rate，年收入与住宅价格比率）为判断是否存在泡沫的比较指标。如果使用相关地区人口密度等其他指标，对泡沫存在与否的判断就会出现不同的结果。也就是说，即便价格收益率相等，只要人口密度不同，就很难一眼判断泡沫。如果房地产的地位性商品[①]作用，使得纽约、伦敦、巴黎等大城市地区的高级公寓价格提升到很高的程度，在这种情况下仅凭价格收益率是很难判断泡沫的。正因为如此，有些人提出一流城市的高级住宅需求是有限财富的需求，因而不能反映经济是否景气。如果高收入者愿意以高价购买豪宅，我们很难说他是仅凭价格收益率作出了过高的评价。

罗伯特·席勒把泡沫描述为"心理传染病"。他认为，很多人不顾合理性，具有用非理性思维来积攒财富的倾向。人们想方设法回避泡沫，可事实却

[①] 地位性商品：Positional Goods，经济学术语，指现实生活中显示个人能力、地位、富裕程度的商品，如汽车、住房等都属于地位性商品范畴。——译者注

不尽如人意。1636 年的郁金香泡沫、引发 1929 年大萧条的股市泡沫、2008 年颠覆华尔街的房地产泡沫就是典型的例子。我们为什么频繁经历财产的暴涨和暴跌？这就需要从罗伯特·席勒的视角看待这个问题。有人说，那是因为投放的资金无处可投，可席勒却认为心理传染病对金融市场的价格变动具有重要的影响。当市面上流传有人因价格上升而挣了大钱的传闻时，心理传染病就像病毒一样传播开来。传闻引发多样的传染病，使价格继续攀升，使没有投身市场的人相对产生被剥夺感。结果，每个人以非理性思维参与市场，市场变得虚假繁荣，价格随之暴涨。

回看包括大萧条在内的众多历史教训，只有泡沫真正破裂以后人们才知道原来那是一场泡沫。当对未来的期待值从过度乐观过渡到悲观时，人们的贪欲不知不觉被恐惧所蚕食，市场也顿时陷入恐慌之中。"啊，早知如此，早应该跳出去！"在无尽的后悔中，举债投资的"蚁族"们争先恐后地逃出是非之地，有些"蚁族"走上"房奴"的险途，有些"蚁族"以助长个人盲目的信用往来为由，把矛头指向政府。家庭负债已经创下了历史新高，政府为沉重的家庭负债手忙脚乱地采取相应对策。韩国政府提出的"以后要借债必须首先考虑自己的偿还能力，借债应该即借即还"的倡议，就是为防止由负债引发的系统性风险而无奈采取的措施。政府应该始终如一地遵守"以固定利息和分期偿还为主的贷款结构、在担保贷款的条件下首先考虑借款人偿还能力"的贷款惯例。

2016 年年初，世界股市因美联储加息、中国经济放缓、油价下跌、新兴工业国经济陷入困境、日本采用负利率政策等因素变得十分严峻。有人说这不是非理性繁荣，而是"非理性恐惧"。面对中国经济放缓和金融系统的非效率性，以人民币贬值为赌注的投机势力和中国政府还发生过一场较量。更有一些投机者趁中国股票下跌便大肆购入。尽管人民币币值开始发生变动，可他们却预测到人民币的国际化、中国经济的长期增长趋势，铤而走险投资中国股票。他们的做法到底对不对还有待于进一步观察。

2013年尤金·法玛和拉尔斯·汉森以及罗伯特·席勒三个人，以研发债券、股票、房地产市场趋势的成就，共同获得了诺贝尔经济学奖。但是，罗伯特·席勒还主张，这个理论必须以"非合理的市场参与者"为前提。在这个问题上，席勒与强调市场合理性的芝加哥学派典型代表法玛和汉森有一定的差异。法玛和汉森二人和席勒是站在两个对称点上的学者。经济学与数学或科学不同，不可能出现"放之四海皆准"的单一理论。

法玛信奉市场具有有效的自我调整能力的"有效市场假说论"。有效市场假说论的核心是人们会根据市场需求合理安排自己的行为，而市场则从中自我掌握平衡。法玛主张由于资本市场的价格能充分、及时地反映可利用的市场信息，因此，任何人也不可能从中获得超额利润。法玛的这一主张是不是正确，目前还难以做出定论。人们都喜欢打听别人不知道的信息或内部消息，并通过这些信息获得利益。总的来说，法玛认为，由于市场是反映过时信息、权威信息、内部消息等所有信息的有效市场，因此，没必要由政府来管制。根据他的理论，资本市场上形成的价格是反映各种信息的最准确的价格。市场信息是最真实的，市场信息不折不扣地反映在价格上。

与此相反，席勒强调防止市场泡沫的重要性。他以泡沫周期性发生的事实为依据，认为市场是非合理的。因此，席勒主张政府必须出面管制因非合理的群体行为而引发价格暴涨的投机现象。席勒认为，当贪欲压倒恐惧的时候，便会产生非理性的泡沫。进一步说，心理恐惧过度，会使世界经济整体陷入停滞状态。例如，他认为最近人们看待中国的目光有些过分。中国经济虽然是美国非常关注的问题，可人们还是过分夸大了中国的问题。席勒认为，只要人们从心理上消除对中国经济放缓问题的过度恐惧心理，中国问题就不像想象中那么严重。席勒的妻子是心理学教授。也许是受妻子的影响，席勒把经济现象看成人类心理现象，喜欢用心理学对经济现象进行预测和判断。

面对尤金·法玛和罗伯特·席勒的主张,我们应当站在哪一方呢?席勒重视非理性的"野性冲动",即他认为股票、房地产等资产价格往往受政治、社会、心理等多种因素的影响。他认为,如果只依赖于市场指标,人们根本预测不到 2008 年全球金融危机。席勒的这个观点被人们看成只有适当协调各经济主体的野性冲动,才能正确把握经济运行情况,并合理地驾驭经济发展。我们必须牢记,如果只靠"看不见的手",人们的贪欲就会招致毁灭和危机;同样,如果政府过度参与,也会导致另一种失败和低效率。

正能量才是经济增长的原动力

经济景气的时候人们自信满满，谁都敢作敢为。此时谁都能把经济杠杆利用发挥到自己能力以上的水平，将"失败"一词抛在脑后。可最近状况又是如何呢？罗伯特·席勒认为，我们目前面临的是心理恐惧正将世界经济推向停滞的局面。他对"长期低迷"一词持以否定态度，不同意中国经济放缓和欧洲金融市场萧条导致长期停滞的观点。他认为，这种对恐惧的茫然的共感反倒会使整个世界陷入经济持续动荡不定，消费者不肯打开钱包，企业的再投资严重萎缩的恶性循环。他不认为现在的经济处于低迷状态，相信由野性冲动而产生的自信感在周期循环中肯定会起到重要的作用。

经济景气的时候，人们在强烈的成功信念和野性的冲动下进行投资，其资产也以高位资产价格出现，呈现出咄咄逼人的趋势；相反，经济不景气的时候，人们都陷入失败与恐惧之中，这个时候货币政策也面临无计可施的局面。席勒之所以对"长期低迷"一词持否定态度，是因为考虑到美国的企业投资指标等指标已经摆脱长期低迷的困境，走上了正轨。在恐惧占主导地位的条件下，即使降低利率（包括负利率），经济主体也不敢放手投资。尽管借贷条件非常优惠、方便，可人们就是不想投资，看来席勒强调的心理作用确实有一定的说服力。

根据罗伯特·席勒的理论，经济低迷的主要原因就是心理因素。他认为，如果对经济前景的恐惧心理压倒企业的投资欲望，说明流动性宽松政策还是存在着很大的副作用。因此，席勒主张与其实施流动性宽松政策，不如优先实施使经济心理变得乐观的政策。我们必须注意聆听席勒的"消除束缚企业家精神的规制，激发企业家野性冲动，以此给经济发展注入活力"的话。席勒曾向日本前首相安倍提出过"野性冲动"一词。他认为要想刺激20多年来因通货紧缩而陷入厌世主义的日本国民的心理，首先要激发国民的野性冲动。只有全民用野性冲动来武装，日本才能真正实现东山再起的梦想。

"心理"一词原属心理学范畴，似乎与经济学没有多大的关系。可罗伯特·席勒的"心理"为什么如此吸引人呢？当2006年美国房地产市场呈现过热现象的时候，他就向人们发出警告："房价即将跌落"。然而，认定只有房地产投资才能走向富裕的低收入、低信用者们根本没有把他的警告放在心里。看到金融贷款和物价暴增，政府立刻提高了利率。见此状况，投机势力纷纷退出了房地产领域。结果，房价暴跌，全国各地一夜间出现了许许多多即使卖掉也无法偿还债务的"空罐头房子"。几年来辛苦还的贷款不停贬值，可银行将贷款偿还方式从固定利率改为变动利率，于是，一味听信银行"甜言蜜语"的老百姓落得个猴子捞月空欢喜的下场。滞纳金加上追加滞纳金，只能让普通百姓出身的购房者倾家荡产。

在我们生活的现实世界里，主观和客观混杂在一起。由于悲观论者和乐观论者共存，因此，这个世界充满不同的声音。讲到这里，我不禁想起过去艰难的岁月流行的一首歌谣。

"世上没有做不到的事。只要努力，定会看到旭日东升的那一天。"

当然不能像歌词那样强求自我努力，但我们也应该反思一下自己是不是深陷感性的厌世主义和客观的悲观主义之中。

有人抱怨眼下中产阶层的生活变得越来越艰难，而高收入阶层却享受着日益富裕的生活。然而这就是世界的现实状况，也是事实。目前，全世界的中产阶层就像电影《乱世佳人》（Gone with the Wind）中女主人公费雯丽（Vivien Leigh）的腰身一样，变得越来越苗条（穷酸），年轻人因找不到适合自己的工作岗位满怀委屈。尽管如此，只要大多数人用充满正能量的心态看待这个世界，我们相信这个世界还是会发生积极的变化。面对艰难的现实，我们不能灰心丧气。只要坚信用自己的努力可以改变命运的年轻人多起来，经济发展的动力也会强大起来。

在目前的经济形势下最令人担忧的是，理应充满希望和热情的年轻一代自认"没有希望"而给自己的发展前程画上红线。我们应该给全社会注入更多的正能量，以此来预防席勒所说的"自我实现的悲剧性预言"的发生。要知道，这世界还有很多用爱心拥抱我们的人，尽管我们不一定十全十美。与他人一起默默地踏上自己想要走的路，这才是更有价值地度过自己人生的途径。

[人类对受损的痛苦比受益的喜悦更敏感]

丹尼尔·卡尼曼的避损倾向

丹尼尔·卡尼曼（Daniel Kahneman，1934.3—）

丹尼尔·卡尼曼是以色列籍心理学家和经济学家，于2002年获得诺贝尔经济学奖。他与阿莫斯·特沃斯基（Amos Tversky）一起，研究人类的判断与行为决策，于1979年发表了"期望理论"。卡尼曼研究人类基于固定观念的思考方式和偏向性之后，主张人类行为虽然不一定都是不合理的，但把人类行为看成合理存在的"预期效用"[①]理论是不现实的。他否定传统经济学主张的人类行为合理性的概念，开启了专门研究人类非合理行为的"行为经济学"的序幕。卡尼曼认为人类具有"经验自我"和"记忆自我"两种自我。他还根据这两种自我研究了幸福经济学，这也是卡尼曼的贡献之一。

---

① 预期效用：个体的决策会使自己的效用最大化。——编者注

我的损失为什么像滚雪球一样越滚越大？

"一到周末我们就相约在一起，
彼此分享幸福的时光。
有时我们避开众人相约另外一个人，
有时我们还很自然地找借口提出分手。
如果珍惜初次见面时的感觉和心动，
我们曾经的厌倦就会消失不见。"

这是一首曾经风靡一时的歌曲。当我们与相恋很长时间的恋人分手后，才会发现自己心里的创伤如此之大。恋人之间往往因过于熟悉而无意中疏忽对方，出于疏忽的小小误会又会成为分手的导火索。一旦因一场小误会而分手，人们才恍然大悟——原来他（她）在自己心目中是那么重要。失去爱人的一方为此声泪俱下，为此捶胸顿足。然而，这都是后悔莫及的事情，过去的恋人再也回不到自己的身边。这是我们的生活常态，拥有的时候不觉得珍贵，一旦失去了才知道珍惜。也有一些人对未来的新对象寄予更大的期望，希望能遇上比失去的他（她）更优秀的人。

第 12 章　人类对受损的痛苦比受益的喜悦更敏感

这是恋人之间经常发生的事情。现在，我们谈谈现在的价值和未来的价值，分析一下人类避损心理和因此而产生的失落感。

20 世纪 80 年代，美国经历了高达 20% 的超高利率时期。如果当时将 15 美元存到银行，那么一个月后，一年后，十年后应该得到多少呢？十年后会得到 100 美元，包括本金、利息、风险溢价率在内。眼下很多投资商因低利率找不到合适的投资项目而苦恼不已，听到这个故事他们肯定会怒不可遏。在同样金额的前提下，如果利率为正，任何人都会认为手中的现金比未来的钱更有价值。在明天和意外不知道哪个先来的不确定情况下，人类回避风险的倾向是再自然不过的。

我们普遍看重现在，看重当下。人类的这一倾向也可以用人类进化过程来说明。在以狩猎和采集谋生的原始社会，解决眼下的吃饭问题是涉及生存的重要问题，因此，原始人为求得眼下的食物而苦苦挣扎。然而，人类对当下生活赋予更大的意义，并不意味着不向往未来更好的生活。当利率高的时候，人们为了"未来"宁愿放弃"当下的幸福"也要享受储蓄的好处。现在的中老年人在年轻的时候极力抑制当时的购物冲动，以理性、合理的思维设计自己的财务预算，为自己、为子女购置了住房。可无论如何，未来的价值是不确定的，也不同于手中掌握的现钱。因此，将未来价值评估得比现在价值低，是人类极力回避不确定因素的避损倾向。

人类的避损倾向不仅仅局限于现在和未来之间的时间问题上。假定这里有可能会输掉 100 美元，也可能会赢得 100 美元的轮盘赌场，通常情况下，人们都不愿意涉足这种具有赌博性质的游乐场。行为主义经济学家丹尼尔·卡尼曼认为，人们之所以不愿意涉足这样的地方，其原因就是他们把损失看得比收益更重，即使损失和收益是同样的金额。他说："比起收益，人们往往更看重损失。人们对损失的敏感程度比对收益的敏感度高 2—2.5 倍。"可以说这也算是人之常情。人们对待收益的喜悦，就像慢慢地舔食香甜的饼干，总想久久地品尝其美味；而对待损失的痛苦，就像一口吞下一粒苦药，总想早早地忘掉苦涩的味道。

对生活拮据的家庭主妇来说，新产品的打折活动总是姗姗来迟，相反，物价上涨却总是来得那么急促、频繁。尽管消费者市场上物价上升率在原地踏步，可在家庭主妇眼里物价却是在天天飙升，这是为什么呢？实际上这就是"平均数陷阱"。尽管国际油价下跌对物价稳定产生了很大的影响，可没有私家车的人却感觉不到油价已经便宜了很多，因为他们只注意自己经常购买的消费品的物价上涨率。

现在我们一起看看政府的想法：

"消费者对价格上涨的敏感度是价格下跌的两倍以上。计算消费品物价时，通常与一年前相比计算其上涨率，可消费者却往往与物价最低的时候相比较。"

传统经济学认为人类是理性的存在，因此人类往往会根据预期效用做出合理的选择。而卡尼曼却反对这种观点。在他的眼里，人类是情绪化的，也是反复无常的存在，是经常受别人和周边环境影响的非十全十美的存在。看看我们人类比起收益的喜悦总是对因损失而造成的痛苦感受更加强烈，卡尼曼的观点也不是没有道理。

对上班族来说，他们最盼望的是工资上涨。假定20年来从公司得到的工资总额是固定的，从金钱的时间价值上来看，选择工作初期挣得高额工资与选择工作后期挣得更高工资相比，前者的投资回报率更高，是更合理的选择。假定某一公司初期发放高额工资而后期发放工资数额越来越少，那么职员们肯定会不满意。人们只喜欢工资上涨而不喜欢工资减少。相较于理性判断，情绪驱使下的失落感更占上风，因此，人们总觉得应该属于自己的东西被人夺走了。

他们忘掉过去得到的利益，只埋怨当下工资的减少。从这一点上看，人类是不是合理的存在，的确是个值得商榷的议题。

人类是情绪化的、喜怒无常的存在

卡尼曼说，人们捡到一万元钱的喜悦远远没有丢失一万元钱的痛苦强烈。丢失自己珍爱的东西后，人们心中的痛惜感远远超过那件东西最初的价值。这是因为拥有那件东西的时候，人们已经对那件东西产生了感情。引发这种避损倾向的心理现象叫作"禀赋效应"[①]。越是对已经拥有的东西赋予价值，对损失的恐惧和回避倾向则越大。有试验结果表明，即使是同样的物品，人们总想以高出自己购入时的价格去出售自己拥有的物品。著名投资家沃伦·巴菲特（Warrne Buffett）针对股票投资市场提出了两个投资原则，第一个原则是"尽量不要赔钱"，第二个原则是"不要打破第一个原则"。在股票投资中，最基本且最有效的经营方法是，准确区分经营状况不佳的企业和产业结构上发展前景趋于恶化的企业。过去的业绩不能成为未来投资回报率的保障。虽然过去取得了辉煌的业绩，但如果现在手头拥有风险因素较大的股票，就更难降低受损的危险程度。这是因为即使明知股价下跌，可由于在禀赋效应的驱使下，对属于自己的物品产生依恋心理，因此不肯亏本抛售手头拥有的那些充满风险因素

---

① 禀赋效应：当一个人一旦拥有某件物品，那么他对该物品价值的评价要比未拥有之前大大提高。——编者注

的股票。

人类的情感不是根据自己拥有的钱财的绝对价值而产生的。假定某甲的金融资产从2000万韩元减少到1800万韩元,而某乙的金融资产从1000万韩元增加到1100万韩元。虽然甲的绝对值比乙多,可乙却会感到自己比甲更幸福。这是因为在资产总额的发展趋向上,甲趋于下降,而乙趋于上升。人类对收益或损失的变化幅度也会做出敏感的反应,比如,甲的房价从4亿韩元上升到5亿韩元,而乙的房价却从30亿韩元上升到31亿韩元,这时甲就会觉得自己的房价上升的幅度比乙大得多而因此感到自豪。卡尼曼将"避损倾向""敏感性反应""不同的衡量标准"视为人类的三种倾向。

在信用卡和现金的使用上也可以看出,比起收益,人类更加注重损失。假定一家加油站老板对现金用户收980韩元/公升,而对信用卡用户则收1000韩元/公升。虽然不允许这么做,可人们经常遇到只有现金结算才给予打折优惠的现象。于是,信用卡用户为自己享受不到打折优惠而抱怨。事实上,使用信用卡购物是购物行为结束以后结账的经济行为,如果考虑利率,使用现金和使用信用卡其实都一样,可人们的心里产生了只有使用现金才能享受打折优惠的感觉。这就意味着在同等价格的情况下,人们普遍具有比起收益对损失更加敏感的心理。

限量版绝对伏特加那么昂贵，可人们还是想购买

如果利率是正数，那么，未来获得的100元就其价值本身来说肯定要低于现在的100元，这种现象叫作"未来折扣效应"。下面，我们做一个与未来折扣效应相反的实验，即对未来价值做出比现在价值更高的评估。韩国一家电视台曾经制作过"'与心仪的明星接吻'和'令人不快的电击'"娱乐节目。在这档节目中，人们是如何看待因不同时间而产生的不同价值呢？对接吻和电击人们能够忍受到什么时候呢？参加实验的人选择与明星接吻，但不是现在，而是三天以后；相反，选择电击实验的人，则选择了遥远的将来。接吻和电击分别意味着收益和损失，但人们没有选择当下而选择未来，是因为越往后延期其价值就变得越高。

一般来说，人们遇到某一令人愉快的事情，宁愿先放下来，而不急着去实现，隔一段时间再去体会，以享受等待的乐趣；而对恐惧感，却想方设法避开。那么，人们为什么把充满不确定性的未来价值看得比现在价值更重要呢？那是因为人们对未来的期待或焦虑会对未来寄予更大的意义。新产品上市，人们也往往不急着购买，而是推迟一段时间后再购买。如果对未来价值的不确定性减少了，则滞后购买的可能性更大。只要随时随地都可以获取自己相中的东

西，人们就觉得没必要当下立即购买。

"再等几年就会出现性能更好、技术含量更高的汽车或手机，所以还是再等两年再买吧。现在购买，很快就会变成淘汰品。"

这就是人们滞后购物的心理。

展示新款苹果手机的陈列柜十分刺激人们的购买欲。很多消费者不知道自己正被期待感本身所欺骗。看看新产品上市后需求反而减少、价格立刻下降的现象就能知道。事实上，电影、电视剧的预告片就是为了提高人们对正片或正片播放时间的期待感而制作的。企业作为未来价值极大化的方案，还推出所谓的"限量版"，这是它们利用消费者的"不买或不看就是损失"心理而实施的营销战略。梵高在给朋友安东·凡·拉法德（Anthon van Rappard）的一封信中高度赞扬了辉柏嘉铅笔（Fader-Castell）的高超质量。除了梵高以外，歌德、赫尔曼·黑塞（Hermann Hesse）、君特·格拉斯（Gunter Grass）等多位艺术家也十分钟爱这款铅笔。1761年成立的法伯卡斯特尔公司（Kaspar Faber）作为德国代表性企业，目前已经传承到了第八代。原来的圆形铅笔具有在桌面上容易滚动等缺陷，于是它们发明了不易滚动的六角型铅笔。现在我们看一看它们的经营战略：

"法伯卡斯特尔以成年消费者为对象制造出高品质的限定版铅笔，提高了品牌的价值。为纪念公司成立240年，他们用240年的橄榄树制造了木制钢笔。从此以后，他们每年用手工制造方法只生产一种产品，并只限当年销售。所有企业家都希望一次的消费者都能成为永远的消费者。从手握辉柏嘉彩色铅笔在笔记本上涂鸦的孩童，成长为手握辉柏嘉名牌铅笔的成人，他们的成长过程正是我们的发展过程。"

绝对伏特加（Absolut Vodka）也通过与著名艺术家的合作推出了限量版。由于本来就很难买到，人们把这种产品当作一种艺术品，都梦想有朝一日能将其收入自己的囊中。

没有不让任何人蒙受损失的结构调整

通过希腊国家债务危机,我们知道了一个国家是如何陷入财政困境的,也知道了国民会因此遭受多大的痛苦。不管是一个国家还是一个企业,如果不做好防患于未然的准备,其面临的状况只会进一步恶化。

获得1999年诺贝尔经济学奖的罗伯特·蒙代尔(Robert A. Mundell)教授认为,如果通过货币融合所获得的收益大于放弃货币主权而发生的成本,相关地区的国家就会使用单一货币。他说,为了做到这一点,国家之间的金融市场要高度统一,经济政策要相互配合,劳动力或资本等生产要素要实现自由流动。然而,希腊的没落反映了欧元区货币一体化的现状。欧元区货币一体化之后,房地产价格急剧上升形成了泡沫,可后来因经济动荡又急剧回落。国家债台高筑,财政陷入危机,国民怨声载道。雅典的贫穷父亲不得不将孩子送给别人,年幼的少女为了吃一块汉堡不得不去出卖身体。

面对国家财政危机,希腊政府出台了紧缩方案。然而,这个方案却遭到了国民的强烈反对。紧缩方案包括养老金和最低工资的削减以及公共部门裁员等,而这些直接触动了希腊国民的切身利益。如果紧缩方案未能被国民接受,希腊将因为得不到资金援助从而陷入违约危机,整个国家也将蒙受巨大的损失。然而，国民"不想失去眼下的福利和工作"的避损倾向在国民投票中毫无掩饰地展露出来。虽然有报道说多亏低廉的物价使旅游业有所恢复，国家的经济状况因此出现了一些转机，可希腊年轻人仍然处于重重困难中。学界猜测，这也许是希腊陶醉在经济一体化带来的收益中，未能及时采取丧失产业竞争力后的避损政策所导致的。

下面这段希腊年轻人的自白令人心酸不已：

"希腊是个令世界游客仰慕的美丽的国家。可美丽并不能养活我们。希望破灭了，就连让我们爬出困境的梯子也没有了，你叫我如何爱这个国家。钱也没有了，工作也没有了，在希腊，我们看不到任何希望。为了帮助父母维持生计，我不得不提前结束了大学生活。苦读七八年得到学士学位的我的朋友们，如今照样找不到工作。我想去挪威。目前，我弟弟在法国，我的朋友们在德国和英国生活。不管怎么样，祖国变好了，我们都会回来的。念了这么多书却用不上了，实在令人惋惜。但是我们没有机会。"

韩国也展开了有关企业结构调整的讨论。结构调整是增强产业竞争力的重要手段之一。在全社会充斥失业危险的情况下，大股东为避损而抛售股权的行为应该受到谴责。造船、海运等部门因避损倾向而持续推迟结构调整，结果导致了更大的损失。不定时进行产业结构调整是产业部门的常态。在坚持以市场原理为原则、政府介入市场调节的情况下，应以 LTE（Long Term Evolution，长期发展）模式快速做出处理，使企业具备对外竞争力，使结构调整结果达到 LTE 效果。

一到假期，马路上经常会发生堵车现象。这时人们总觉得自己的车道被堵得死死的，旁边的车道似乎比自己的车道更顺畅，于是改换车道挤进旁边的车道，结果发现原来的那个车道比这个车道更顺畅。为了早一点到达目的地，在拥堵的马路上经常改换车道，这是每个驾驶员都经历过的事情。被我超越的车辆很快在视野中消失，可超越我的车辆却长时间存在于我的视野里。被后面的车辆超越时感觉到的损失还好说，权当为后面让道，重要的是如何杜绝为了自己避损而给别人造成损失的不道德行为和唯恐票数减少而毁掉国家利益的政客奸诈的行为。这世上没有不让任何人蒙受损失的结构调整，通过良好的沟通和说服达成和解，才是减少损失的最佳方法。

假定你的头脑里突然萌发了能使公司减少10万美元开支的奇妙想法，问题是你该如何表述自己的这一想法才能让老板马上接受呢？与其说"不这样做，每年您将损失10万美元"，不如说"如果这样做，公司每年会减少10万美元开支"。因为后者更容易让人们产生对避损倾向的共鸣。当我们的工资因支出过多而变得窘迫的时候，千万不要参与利用人们避损倾向而行骗的市场营销活动。这就是卡尼曼教给我们的说服技巧，也是我们应该持有的生活态度。

卡尼曼提到了两个"自我"，即"经验自我"和"记忆自我"。经验自我作为察觉自己亲身经历的自我，以瞬间回忆浮现在脑海里。这种自我只想留住当下发生的快乐的记忆，总想回避痛苦或难过的记忆。相反，"记忆自我"作为回忆和评价过去经验的自我，与往后的记忆密切相关。两个自我的判断往往不一致，而对未来的预判和决定往往通过记忆自我来形成。过去似乎吃了很多亏，然而，如果过去吃的亏作为有意义的记忆留在脑海里，应该说这是非常成功的人生。通过记忆自我和经验自我从多个角度分析世上万事，从而将损失减少到最低程度，也许这才是人生最大的智慧。

[高价购买二手车的理由]

乔治·阿克尔洛夫的"钓愚"经济理论

乔治·阿克尔洛夫（George A. Akerlof, 1940.6—）

乔治·阿克尔洛夫，美国加州大学伯克利分校的经济学教授，2001年与迈克尔·斯宾塞（A. Michael Spence）、约瑟夫·斯蒂格利茨（Joseph E. Stiglitz）共同获得诺贝尔经济学奖，是世界级经济学家。他在1970年发表的《柠檬市场》（*The Markets for Lemons*）一书中首次提出了信息不对称性对市场经济产生的心理误区。通过柠檬市场理论，他证实了现实中的市场与供需匹配、效用最大化的理想的完全竞争市场存在着较大的距离，而且因信息的不对称性，劣质商品充斥市场从而使价格扭曲的现象广泛存在。他的柠檬市场理论为信息经济学和行为经济学打下了坚实的基础。乔治·阿克尔洛夫历任英国经济学院教授、布鲁金斯研究所首席研究员，在克林顿[①]政府时期担任过总统经济事务顾问。

---
① 克林顿：全名威廉·杰斐逊·克林顿（William Jefferson Clinton），第42任美国总统。

购买二手车须三思而行

最近，在一个多月的时间内，一名高中生从 130 多人的手中骗取了 3000 万韩元，被警察以网上二手交易诈骗嫌疑拘留。大多数经济理论都是以经济信息必须准确地反映在市场为前提而形成的，然而，现实的市场中竟然充斥着如此荒唐的欺诈行为和骗术。有效市场假说、适应性期望假说、理性预期假说是以有效、完整的信息对称性为前提的理论。察看充斥着欺诈和骗术的市场，我们不能不怀疑一向重视市场效用的芝加哥学派的学说的真实性。

在信息大爆炸的网络市场，每个人所拥有的信息也存在着一定的差异。研究信息的完整性仍然是经济学的核心问题之一。看看靠信息为生的谷歌和雅虎的巨额收入，两家公司的市值总额是全美航空公司市值总额的好几倍。从这里我们也能看出信息就是资本的事实，也进一步证明了市场并不能完全反映信息的说法。

"私人数据"（Private Data）和"钓鱼"（Fishing）的组合词"钓愚"（Phishing，网络钓鱼）一词正在悄然流行。所谓"钓愚"，实际上就是以巧妙的手段骗取个人信息。钓愚的被害者被称为"新一代傻瓜"（Phool）。

最典型的，是因信息不足而上当受骗的"信息傻瓜"和受心理刺激而上当受骗的"心理傻瓜"。

看看我们的传统市场，所到之处充满浓浓的人情味。卖豆芽的大妈会给老常客多加一把豆芽，好心老常客多给卖蕨菜的老奶奶几块钱让她给孙子买糖吃……乡下集市既是商品交易场所，又是相互传递爱心的场所。城里也一样，商家对老常客基本没有什么戒心。长期积累信用，双方自然会放心交易。然而，做生意毕竟是以获利为主的行为，因此尽管市场充满人情味，但包括老常客在内的买卖双方之间，也经常出现一些小小的摩擦。到二手市场，由于购物方对售货方理解不充分，往往心存莫名的戒心："我是不是上了他们的当呢？""我是不是被他们敲了竹杠呢？"同样，由于售货方缺乏对购物方的基本信息，也会时常感到困惑不已。

如果你买了一件不该买的物品，作为购物者，肯定会后悔不已。事实上，从售货方的角度上看也是一样的。销售癌症保险时，参加保险的人大多都是患癌概率较高的人，销售方为了减少损失，想方设法提高人均癌症保险费用。这时如果真的提高了保险费用，那么，参加保险的只有那些患癌概率较高的人。真要是做出如此错误的选择，那些拥有优质商品的人们为了按合理的价格出售自己的商品，只好采取给购物方附上保证书等措施。既然采取了附加措施，就自然而然地产生附加交易成本。可见，一旦发生信息不对称问题，在原有的只有需求方和供应方的经济学世界里，就多出了一个中介商，从而提高了交易成本。

市场交易者之间对有价值信息的了解程度是有一定差异的，这种现象在经济学上称为"信息不对称"，也被认为是市场失败的原因之一。美联储主席珍妮特·耶伦的丈夫乔治·阿克尔洛夫以研究信息不对称理论获得了诺贝尔经济学奖。他的诺贝尔奖获奖论文是《柠檬市场》。这里所说的"柠檬"实际上是指劣质的二手车。柠檬这种水果看起来非常诱人，可因其酸度太高，凡是尝过其味道的人都不愿意咬上第二口。二手市场上，既有表面光鲜内部却破烂不堪的"柠檬二手车"，也有能用得上的"桃子二手车"。二手车的卖主最清楚自己出售的二手车是"柠檬车"还是"桃子车"，可二手车的买主却不知道。

如果二手车卖主出售的是"桃子车"，即使买主提出合理价格，卖主也不会轻易将其以待售物品放到市场；相反，如果出售的是"柠檬车"，那么不用买主讨价还价，卖主也会把它当作待售车辆拿到市场上的。因此，在二手车市场上看到的往往都是"柠檬车"，而"桃子车"却几乎看不到。

下面举这样一个例子。二手车市场上出现了一辆价格为1600万韩元、车况良好的无事故车辆，如果有一个买主付1200万韩元要买走那辆车，那么，卖主宁愿以更低的价格卖给自己的熟人也不会卖给那个人；相反，如果卖主将款式和年限相同但因车况不佳实际价格不到1200万韩元的事故车辆拿到二手市场，以1200万韩元出售，这时，不了解这辆车车况的买主很有可能按照已经标好的价格买走那辆事故车。如果市场上这样的现象成为常态化，那么受买主青睐的只有"柠檬车"，受到冷落的"桃子车"干脆则在市场上销声匿迹。二手市场一旦落到这个地步，希望购买"桃子车"的买主就会背弃"柠檬车"卖主，二手市场也会因此失去其原有的功能。

买主把所有的卖主看成"骗子"，而卖主把所有的买主看成"知道真相的人"，于是二手市场的市场信誉度往往会大幅下降。出现这种现象的原因是，卖主清楚地知道给自己车辆定下的价格是平均价格以上还是平均价格以下，而买主却不知道真实价格，只是根据平均价格来选购。这就导致超出平均价格以上的二手车会从二手车市场上消失，只有平均价格以下的车辆留在市场上。这种市场对买主来说是"效率低下的市场"，而这正是阿克尔洛夫的"柠檬市场"理论。当卖主比买主拥有更多的信息时，便产生信息不对称现象，而信息不对称现象又使买主做出错误的选择。因此，柠檬市场理论又叫"逆向选择理论"。

柠檬市场往往导致中介人的产生,而中介人的出现又直接损害消费者的利益。因此,柠檬市场是市场失败的一个截面。

仅凭一句话摆布国家经济的信用评级机构

环顾周围,时常能看到因被骗购买二手车而忿忿不平的人。那些二手车表面光鲜亮丽,可开一段时间就开始出现故障。他们甚至发誓"如果再买二手车,我就不是人"。阿克尔洛夫的柠檬市场理论也适用于包括借贷市场、股票市场在内的金融市场。在金融市场上,由于信用度相对较高的人很少借款,因此市场上最终只留下信用度低的"柠檬贷款者"。虽然不代表全部,可不需要贷款的企业很少在股市露面。因信息不均衡,在金融市场上,需求者的选择往往与市场原理相背离。

金融市场上人们之所以关注逆向选择[①],是因为逆向选择是引发金融市场不安定的代表性因素。假定有一位老板明知自己的公司即将倒闭,却发行了高息垃圾债券(Junk Bond,过去信用等级急剧下降的企业发行的高风险、高收益债券)。那个老板在发行债券的时候根本没想过偿还债务,而购入垃圾债券的人却几乎不了解那家公司的情况,这就不能不导致金融市场的失败。阿克尔洛夫认为,由于信用评级机构对"网络公司"的上市价格做出过高的评价,从

[①] 逆向选择:指市场的某一方利用多于另一方的信息使自己受益,而使另一方受损。

而导致柠檬股份控制市场和 IT 股泡沫破裂的现象，都是由"蚁群"（证券市场的散户）缺乏信息而发生的。

为了提高市场效率，应该消除这种信息不对称性。那么用什么方法消除呢？就是民间机构承担中介功能。当某一企业上市时，普通股东入股不是看好上市公司本身，而是看好负责该企业上市业务的主管公司。如果没有主管公司，因信息不对称，上市本身也难以实现。还有一种方法是，采取允许信息交易或证券市场公示制度等政府管制措施，也可以由金融中介机构出面，收取一定的费用，向股东介绍合适的投资项目。在金融市场上，有效防止逆向选择的代表性方法是，由积累信誉的民间私营公司担任信用评级机构。然而，如果这样一个信用评级机构不是站在大多数民众一边，而是站在少数大银行和大企业一边，那么，遭殃的只是占大多数的民众。2008 年的金融危机就是典型的例子。理应防止逆向选择的信用评级机构却出现道德危机，不仅没有改变柠檬的酸味，反而给柠檬增加了苦味。

信用评级机构为了提升自己的收入，甚至将灵魂出卖给了恶魔。在信用评级机构被人们认为是导致金融危机的罪魁祸首之一的时候，穆迪公司[①]一名职员对商品房抵押贷款证券给出了有悖于良心的可疑评级。然而，民众却对穆迪公司深信不疑。在信用评级机构的一句话能够摆布一个国家的经济的世界里，它们不但没有站在民众一边，反而站在一些不良企业一边，伤害民众的利益。在信用评级机构的内部评级过程未能完全公开的情况下，人们怎么能信赖它们做出的评级呢？如果它们与华尔街的大佬们之间存在错综复杂的关系，那么问题就会变得更严重。

信用评级机构不仅可以垄断有价值的信息，还可以发布被歪曲的信息。如

---

① 穆迪公司：Moody's，世界著名的信用评级公司，总部位于美国纽约曼哈顿。——译者注

果信用评级机构把信息按照自己的口味随意编造出来，不仅不能防止逆向选择，反而会因道德的缺失导致人们对市场不满。如果说逆向选择是交易之前发生的问题，那么，道德缺失则是交易之后发生的"主人—代理人问题"。在所有权和经营权分离的股份公司里，如果经营者（代理人）道德缺失，那么他不是为股东（主人）追求利益最大化，而是想方设法为自己谋取利益。从臭名昭著的美国安然（Enron）事件来看，安然经营者们为了谋取私利挪用了公司资金和利润。如果股东们没有充分掌握企业的信息，代理人就很容易做出道德缺失的行为。参加火灾保险之后，对预防火灾未尽义务也属于道德缺失范畴。他们之所以未尽预防火灾义务，正是因为参加保险后，鼓励履行义务的奖励机制没有发挥其应有的作用。

有人正准备"钓"你

购买二手车也一样,如果通过专业经销商去购买,还能买到货真价实的二手车。但是,专业经销商的价格比一般二手车卖主高出很多,因此普通民众很难接受。所以,很多人利用网上直销的方法。由于没有什么额外的收费,交易双方的讨价还价也是理所当然。网上直销(直购)方式存在收不到预定的商品白白丢掉钱财的风险。由于网络直销商没有申报义务,没有提供信息的义务,没有提供购物安全服务的义务,因此很难以制度保障交易安全。最近几年来网上直销诈骗案件数持续攀升,对网上二手商品直销的不信任度越来越高,导致人们对直销市场本身萎缩的忧虑也越来越深。然而,网上二手商品直销是个人的自由行为,因此,政府的管制也存在一定的局限。相比卖主在一定期限内保证售后服务或提供特许经营的服务,个人之间的直销除了低廉的价格以外,很难指望售后服务或特许经营服务。在个人之间的交易中,完全了解信息也是不可能的。

在互联网这股信息洪流中,有人认为信息不对称性正在逐渐减少。随着越来越多的信息通过互联网公之于众并被大家所掌握,过去只有少数人占有的信息如今大家都能唾手可得。从这一点上看，他们的说法也不是没有道理的。但是，由于互联网世界里混杂着很多不良商贩和虚假商品，因此，如何过滤这些渣滓也是不可忽视的问题。整顿二手市场尤为重要。如果不良商贩误导消费者，利用违反消费者利益的信息，如果他们恶意利用消费者对专业信息愚钝的弱点会怎么样呢？如果不道德的医生为了赚取昧心钱强劝患者手术，那么，缺乏医疗知识的患者还能拒绝医生的建议吗？

下面看一看反映信息不对称性问题的美国的一篇医学论文。有报告显示，低生育率地区产科医院的剖宫产手术比率比高生育率地区更高。据此，论文认为，医院经营不景气时，医生们有可能向产妇推荐高费用的剖宫产手术，以改善医院的经营状况。不得不说这是一个触目惊心的报告。

了解上述情况以后再看二手车问题，不难看出，企业家的良知和政府的作用对消除信息不对称性非常重要。如果有人想经营二手车网站，政府可以制定制度性机制，只给予那些遵守安全交易的良知经销商经营资格。良知经销商可以通过自行验收，构筑二手车生态系统。在这种体制下，他们可以过滤假冒商品和虚假车辆信息。只有这样，消费者才能免受不必要的损失。也有给二手车买主提供金融商品的服务项目，以前只有非金融机构经营这种商品，因此，利率较高。可最近由于第一金融圈也提供相似的金融商品，其利率大幅下降了。

我们的政府必须通过对二手车市场的现代化和二手车网上拍卖制度的改善，持续减少消费者的损失。就像美国凯利蓝皮书（Kelley Blue Book）一样，给消费者提供价格信息，并在汽车制造部门的专业机构设立投诉中心，为二手车买主提供损益咨询。只有这样，才能真正达到保护消费者利益的目的。为防止二手车市场非法行为，对捏造汽车性能的非法车检，应立即取消其营业资格。如果发现交易双方出现假冒商品或通过诱饵引出出售物的行为，应该采取吊销其营业执照的强力措施。为了保护网上拍卖用户的利益，网上拍卖时也应该公开汽车行驶里程和汽车相关手续。这个程序应该成为制度和惯例。

　　然而，尽管采取这样的措施，现实中也很难做到信息的完全对称化。在对二手商品的关注度越来越高的情况下，为防止逆向选择，政府和全体国民应该共同构筑值得信赖的社会。在网络世界中，突然冒出似乎猜中我心思的广告并不是偶然，因为有人给你抛下诱饵，正在准备"钓"你。这就要求我们处处谨慎行事，防患于未然。

第四部分

国家的建设
(Nation Building)

  仅靠经济政策解决经济问题的时代已经结束了。我们必须探索一条从政治、社会、文化、制度、教育各方面最适合我们的生活的整体发展体系。

  第四部分揭示为创建更好的国家所必须的发展体系的构筑方向,分析构筑发展体系过程中存在的阻碍因素。同时,通过公共选择理论明确指出,没有对教育和政治的正确的改革,就不可能带来认识上的积极变化,构筑整体发展体系。

[企业经营人当上国家领导就失败的原因]
保罗·克鲁格曼的管理国家的故事

保罗·克鲁格曼（Paul R. Krugman，1953— ）

  保罗·克鲁格曼出生于纽约长岛，1974年毕业于耶鲁大学，1977年在麻省理工学院罗伯特·索洛（Robert M. Solow）教授的指导下获得经济学博士学位。2008年以贸易理论与经济地理相结合的学术功绩获得了诺贝尔经济学奖。保罗·克鲁格曼摆脱了大卫·李嘉图（David Ricardo）主张的传统比较优势理论，从多样性和规模经济的角度提出了新国际贸易理论。保罗·克鲁格曼成功地预测20世纪90年代发生在发展中国家的金融危机，从而引起了人们的关注。保罗·克鲁格曼在学界被评价为"新凯恩斯主义者"。保罗·克鲁格曼作为《纽约时报》（*The New York Times*）固定专栏作家，敢于向乔治·布什（George Bush）总统及其智囊团挑战，多次对布什政府的经济、外交政策进行强烈批评。

国家不是公司

失去妻子的美国总统在其连任之际爱上了环境保护女志愿者。确认总统爱意的那天，短发女主人公身穿自己的男友——总统的白色衬衣。这是 20 多年前的爱情电影《美国总统》①的一个场面。看了电影，人们不禁感到好奇，难道手握世界霸权的美国总统也有如此浪漫的一面吗？

2016 年，美国总统奥巴马在其 8 年的任期中最后一次参加了白宫记者年度晚宴。在宴席上，他做了一番幽默风趣的演讲：

"我已经是头发花白年过半百的人了，也到了等待死亡判决的年龄。可是与我不同，我的夫人米歇尔（Michelle）与 8 年前没有什么两样。"

说完，他丢下手中的麦克风，喊了一句"奥巴马出局了"。他的这一举动是模仿最近歌手或明星们演出成功之后丢掉麦克风的谢幕表演。离任在即，回顾过去 8 年来发生过的诸多事件，想必总统也留恋万分。如果让经济专业第一名的学生去做企业管理，他能否崭露头角？如果让史蒂夫·乔布斯或比尔·盖茨去管理国家，他们能否成为优秀的领导人？自由经济学派的代表人物保

---

① 《美国总统》：The American President，一部美国电影。——编者注

罗·克鲁格曼用一个"不"（No）字表示否定，唯恐企业界的成功人士参与国家经济管理。他在1996年写的一篇短论文《国家并不是公司》（*A Country Is Not a Company*）中做了详细的说明。

1992年，商人出身的罗斯·佩罗（Ross Perot）以无党派身份参加总统竞选并获得了相当多的选票。他在竞选演说中说："我要救助那些对无所作为的政府、浪费和舞弊、财政赤字、国家负债增加而失望的民众。"他的一番演说得到了众人的喝彩。虽然最终落选，但是，他的主张还是十分耐人寻味。

"别忘了我们的宪法是在产业革命之前制定的。当时的开国先驱们不可能知道电力、火车、电话、收音机、电视机、汽车、火箭、人造卫星、太空探险等现代科技。如果今天让他们制定宪法，他们会制定什么样的宪法草案值得我们思考。这是非常有趣的问题。"

从国家经济的层面来看，企业家在企业界的成功简直是微不足道。一个拥有10亿美元资产的企业家算是个成功的企业家，可让他掌管一年GDP高达18万亿美元的国家经济，显然是"蚍蜉撼大树，可笑不自量"。因为国家和企业在其存在的理由和实体的结构上是完全不同的。保罗·克鲁格曼认为，优秀的经济学家的作用与只有埋头赚钱才能成为成功企业家的作用，其区别就在于此。也有人认为，面对2012年美国大选，保罗·克鲁格曼再次提起那篇短论文，是因为他已经察觉到共和党候选人中有企业家出身的人，因此，这是他为了反对企业界的人参加竞选的举措。如果有人既能在企业经营中成功，又能忠实履行总统职责，那么，就可以说保罗·克鲁格曼的主张是错误的。在自由民主国家里根本没有"企业家不能参加总统竞选"的限制，因此，他的主张似乎是偏见，表面上看是不合乎情理的。然而，言论自由是民主国家的基本准则，我们还是耐心来听一听保罗·克鲁格曼的想法：

"为什么还有人相信成功的企业家在经济政策上也能取得成功？经营企业

与制定宏观经济政策是截然不同的两回事。最重要的区别是，在宏观经济中，劳动者就是消费者，但任何一个企业都不能将大部分产品出售给自己的职员；相反，哪怕再小的国家也将生产出的大部分产品出售给自己的国民，因为服务行业在很多情况下是无法出口的。"

这句话后半部分的观点似乎无可非议，但产品销售对象的不同，使企业经营和国家管理产生如此巨大的差异，令人怀疑。我们继续看他的观点：

"这是一个巨大的差异。通过结构调整减员一半以后照样维持相同销售额，这样的企业家是值得赞扬的。然而，如果经济政策制定者也这样做，那么那个国家就会立刻陷入萧条，生产出的产品也没人购买。企业家可以很好地经营自己的企业，可他不可能应付'节约悖论'①或因货币发行量的增加而产生的通货膨胀等对国家管理至关重要的状况。"

这句话听起来没什么错误，但如果掌握经济学知识的企业家能充分认识企业与国家的区别，正确启用专家，实施适当的经济政策，也可以经营好一个国家。克鲁格曼"企业家出身的人绝对不能当上总统"的主张未免有些过分。但是，对参加竞选的企业家来说，他的话也有必要当作注意事项予以参考。国家毕竟不是只为某一个企业而存在，它是由企业、消费者、对外关系等因素共同组成的主体，因此，成功的企业经营经历并不能保证他成为一个成功的总统。

"当上总统还要与议会共事，因此，要比企业 CEO 受到更多的牵制。掌握与议会共事的本领比什么都重要，因此，认为必须由企业 CEO 式的总统来管理国家大事是非常愚蠢的想法。"

在三权分立的现代国家，总统的权限是受到制约的。企业经营者在法律允许的范围内可全权负责企业活动，而总统管理国家，其权限则受到多方面的制

---

① 节约悖论：Paradox of thrift，由凯恩斯推广并流行的一种经济理论。——编者注

约。政府首脑要受到司法部门、立法部门甚至国民舆论的牵制。即使总统制订了一个非常好的计划，但要想实现该计划，还要具备有效协调相互对立的利害关系的能力。为了更好地理解克鲁格曼的主张，我们有必要进一步观察国家管理与企业经营的本质特征。

国家管理与企业经营的区别

我们继续看看克鲁格曼的观点：

"成功的企业家相信，他们在事业中捕捉机会和解决问题的能力同样适用于国家管理。然而，治理国家经济与经营企业所必要的思维方式是完全不同的。因为国家不是公司。企业经营可以使用特殊的战略，而国家管理却需要遵守一般性的原则，最好的方法是适时制定好基础框架和基本系统，然后让其自动运转下去。"

为了在全球化的残酷竞争中生存，企业必须持续维持超出行业平均水平的业绩。树立独特的战略意识是企业生存的必要条件。《从优秀到卓越》（Good to Great and the Social Sectors）的作者吉姆·柯林斯（Jim C. Collins）认为，伟大的企业都有伟大的 CEO。伟大的企业的领导者们大多将自己的工作重点放在选拔能够根据自我责任和动机主动工作的员工上，并为他们创造能够自觉工作的氛围和环境。伟大的企业家赋予员工充分的自由裁量权，从来不约束他们的工作自由。直到今天，伟大的企业仍在追求"客户就是伙伴"的信念，制定各自的战略，埋头践行，不断地打造品牌形象。那么这些企业活动的本质是什么呢？

企业虽然为客户创造价值，可没有利润的最大化，企业就难以生存。对企

第 14 章　企业经营人当上国家领导就失败的原因

业来说，积极承担社会责任或提高股东价值固然重要，自己的利润最大化才是终极目标。而国家的目标则是提高国民的生活质量，只是围绕着以经济增长为中心还是以利益分配为中心的问题展开争论而已。国家管理还包括如何发展民主化、如何消除两极分化、如何平衡地域发展等多个目标，而这些目标哪一个都是不容忽视的。企业也一样，在追求利润最大化目标的过程中，还要承担社会、法律、道德方面的责任。然而，对它们来说，不管其发展目标有多少，最重要的还是努力赚钱。

国家的发展目标是多样的，因此，随着发展重点的变化，其政策方向也会发生变化。国家管理与企业经营不同，很难放弃某一发展目标。由于存在多种利害关系，国家政策也往往会陷入左右两难的困境。政策目标越倾向于上层，其处境则越艰难。一项政策出台，有收益的一方也有受损的一方，因此，需要经常调整。重要的是对政策效果进行准确的成本效益分析，然后实施成本效益最大化的战略。这个过程需要领导者的口才、人际交往能力以及凝聚力。国家管理没必要像企业那样为了利润最大化在 CEO 的指挥下步调一致、有条不紊。由于目标多样，而且还存在着与政策相反的意见，因此，国家管理更需要领导人的综合治理能力。作为国家领导人，必须具备能够应付发生在社会各界的利害关系、上层关系的各种矛盾，以及不屈从于来自既得利益集团的强大压力，始终保持社会均衡的能力。

国家管理的复杂程度，企业家是无法想象的。就韩国来说，国家领导人面对的是全体国民，这些国民比一个最大的企业集团的员工人数多几百倍以上。国家领导人还要解决国民之间错综复杂的利害关系，因此，国家领导人需要考虑的变数比企业家多出几百倍的二次方。就一个企业来家说，规模再大、经营范围再广，也能以核心战略为中心把握住企业发展的一贯性。而国家领导人却要掌管性质和业务完全不同的几十万个事业部门。国家管理要立足于比企业经营更全面、更普遍的原则的原因就在于此。

克鲁格曼理论的核心是，政府只需制定基础性的原则，具体的管理要交给各经济主体自行把握。现在我们考虑一下如何发掘新的增长点的问题。发掘未来新的增长点的主体是企业，而政府对它们的支持只能是间接的。如果政府直接出面指定某几个企业，让其带头发掘新的增长点，有可能会阻碍企业的创新，浪费资源。一个良性发展的企业没必要像政府那样左顾右盼。国家管理则不同，政府还要考虑一个部门独善其身会导致别的部门遭受损失的可能性。企业可凭着 CEO 的领导能力和战略，使所有部门同时实现员工人数和投资的增长，从而持续提高市场占有率。可面对国家，领导人不可能使所有企业同时提高市场占有率。因为至少在内需市场，企业为争夺有限的消费者会进行激烈的竞争。出于这种根本性的差异，政府会计制度与企业会计制度不同，国家的劳动法与企业的人事管理不同，国家的金融通货政策也与企业的财务管理不同。

　　也许是出于这个原因，克鲁格曼主张，政界领导人可以就经济问题征求企业家的意见，而企业家应该自觉区分对国家经济该说什么和不该说什么。我们可以把他的这一主张理解为向国家领导人发出的警告，如果国家领导人以企业思维考虑问题，有可能会陷入过于注重效率的陷阱。

　　企业追求的是以最少的投入实现最大的产出。企业的奋斗目标是最大限度地扩大投入和产出之间的差异，最大限度地获得剩余价值。与之相反，国家追求的是投入和产出的均衡。财政收支出现盈余并不是好事。出现赤字或出现黑字[①]都是正常现象，关键在于收支平衡。企业是以效率为主的，因此，只有在长期不利于提高效率的发展情况下才会考虑平衡。可国家不能这样做，国家领导人必须时时刻刻关注效率和平衡，这两个因素就像两只滚动的车轮一样必须保持均衡。国家不管一个总统成功与否照样延续下一届政府，可企业一旦财源枯竭便宣告破产。世界上那么多优秀的企业说倒闭就倒闭，说明企业经营也不是那么一帆风顺的。

---

① 财政赤字的反义，指政府收入大于支出。——编者注

政治两极化导致经济两极化

政府作为公益性机关，其目标与企业不同，是利他的。政府要兼顾别的国家、企业、消费者等众多的利益相关者。我们看一看保罗·克鲁格曼对全球两极化问题的看法：

"不是经济两极化导致政治两极化，而是政治两极化导致经济两极化。"

政治和政府不能成为某一部分特定支持者的代言人。消除两极化的最好方法不是分裂和对立，而是团结与和解。克鲁格曼不顾被人们扣上前总统布什的"狙击手"的帽子，在美国大选中极力支持了奥巴马。可后来看到奥巴马应对金融危机的政策措施之后，他又大失所望，指责奥巴马政府处理银行不良资产的计划是往垃圾堆里撒钱的政策，主张银行必须国有化。他在自己的著作《一个自由主义者的良知》（*The Conscience of a Liberal*）中强调了一个进步派的立场，即强化社会安全网络，减少社会不平等。他主张向富人多征税用以扶持穷人，因此，人们把他看作现代版的罗宾汉。

"美国不仅没有平等的机会，而且与别的西方国家相比，他们的机会本身就是不平等的。我们必须擦亮眼睛，团结一致，迎接一个共存而非独尊的新时代。"

我们先不谈克鲁格曼这一犀利的言论正确与否，只是在反映现代人们要求国家领导人首先要具备应有的品德、尊重各方意见、正确处理各种社会矛盾的诉求这一点上，他的观点是值得称道的。总统必须具备的这些条件恰恰是国家管理比企业经营更难的关键和核心。作为国家首脑，为达到一定的均衡点，总统应该向国人展示制定最佳蓝图，团结国民朝着既定目标迈进的有韧劲、有耐力的领导能力。在这个过程中应注意避免冲突，适当控制社会矛盾。

经合组织发布的社会矛盾指数是反映政府有关部门或相关制度有效管理社会矛盾的指数。经合组织利用成员国的面板数据，对各国政府的有效性、规制质量、腐败监控等指标进行回归分析，遗憾的是，韩国的成绩并不理想。民主主义成熟度和政府有效性越低，社会矛盾则越多；收入不平衡越严重，社会矛盾也越严重。火苗治理不好就会给人类带来灾祸；相反，如果治理得当，就会给人类带来福音。这就是国家管理。有分析认为，只要社会矛盾指数降低一点点，人均 GDP 马上就会提高。经合组织成员国中，社会矛盾指数最低的国家是荷兰和德国。他们通过劳资大妥协，在全球金融危机中也能稳步实现经济增长，至今也是欧洲各个国家中发展最好的国家。

国家管理不能只依赖于政界。政府对社会矛盾的管理固然很重要，但一贯重视社会责任的企业和力争克服地域利己主义的地方政府，以及为解决阶层矛盾、代际矛盾的国民的态度也很重要。最近很多人将那些来回拉扯的男女用"暧昧"一词来描述，韩国社会中国家与国民之间的矛盾是否已经恶化到连"暧昧"一词都谈不上的地步？切记，处理好社会矛盾和恢复对政府的信任是建设国家的基础。

[回报率最高的投资]

詹姆斯·赫克曼的教育经济学

詹姆斯·赫克曼（James J. Heckman，1944.4—）

　　詹姆斯·赫克曼，芝加哥大学教授。他是将经济学与统计学结合在一起，成功地创立微观计量经济学的经济学家。赫克曼又是研究教育水平和工资水平的相互关系、男女工资差异等劳动力市场的世界级学者。赫克曼非常关心幼儿教育，反对在认知能力方面只重视智商的主张。他主张人的能力在本质上是多重的、多维的，社会和情感能力，即性格、健康、忍耐、时间概念、对危险的态度、自我尊重、自制力等许多非认知因素，都可以成为预测社会性成功与否的强大的变量。

比成人教育投资率高出 16 倍的婴幼儿教育投资

美国前总统贝拉克·奥巴马在连任后的首次国情咨文演说中说道："我不会放弃。"（I don't quit.）坚定地表示了其国政改革的意志。他强调，21 世纪最优秀的扶贫计划是普及世界性水平的教育。奥巴马政府推进的教育改革包括为贫困家庭子女制定的"0—5 岁计划"（Zero-to-Five Plan）。人类在婴儿时期大脑最柔软，长到 6 岁时，大脑重量增加 4 倍左右，体积也达到成人大脑的 90%。人类出生后的一年里，每秒钟就有 700 个新的神经细胞连接在一起，但随着年龄的增长，连接速度逐步减慢。奥巴马意识到美国的幼儿教育已经落后于世界其他发达国家，所以制订了这一计划。在比利时、法国等国家，凡是年满 3 岁的幼儿，几乎都在各种教育机构受教育，而在美国，3 岁幼儿的受教育率还没有达到 40%。

教育被认为是世界上最好的投资。奥巴马多次提及并赞扬过韩国的教育热情和教育制度。19 世纪的经济学家阿尔弗雷德·马歇尔（Alfred Marshal）在他的著作《经济学原理》（Principles of Economics）中指出，最有价值的资本投资就是对人的投资，而这种资本投资的关键在于母亲。我们暂且不论马歇尔所说的母亲到底是什么样子，但听到马歇尔的这句话，我们自然而然地想起号称

"教育之神"的韩国母亲们。

不管岁月怎么流逝,世界各国重视教育的原因任何时候都无非两个:一是为了提高生产力,二是为了消除两极化。当然,也不能由此推论我们念书就是为了专门学习与经济学有关的知识。

为奥巴马总统的"0—5岁计划"提出理论依据的人,就是2000年获得诺贝尔经济学奖的芝加哥大学经济学教授詹姆斯·赫克曼。赫克曼以详细的数据和统计分析开启了学科大融合的新起点,以自己独特的视角证明了对婴幼儿的教育和关怀比别的任何投资更经济、更理想的观点。詹姆斯·赫克曼还得出对婴幼儿教育的投资在其效果上是对成人教育投资的16倍的结论。根据他的理论,随着时间的流逝,教育投资的收益率在生产率坐标图上呈现下降趋势。事实上,他的理论与消除不平等息息相关。国家与其将教育资源投入到高中和大学,不如投入到贫穷家庭0—5岁婴幼儿的教育上。应该说,这才是彻底消除贫困的秘诀。

在教育过剩、私人教育费用日益飙升的韩国,赫克曼的观点虽然很重要,但很难在整个社会上引起共鸣。我们有必要进一步剖析一下赫克曼关于对婴幼儿教育投资是收益率最高的投资的观点。赫克曼反对遗传基因决定个人命运的观点,试图证明只有对弱势阶层孩子进行早期教育,提升孩子们的智商和社交能力,使之最终成为推动未来发展的原动力,才能巩固国家财政。根据他的实验,人的智商直到21岁还可以得到提高。一般情况下,贫困家庭比中产家庭更容易忽略对子女的教育。基于这一点,赫克曼主张国家财政应该向弱势阶层倾斜,只有这样,个人和社会才能均等地得到红利。

赫克曼针对3—4岁的黑人儿童实施了"学前教育计划"。调查对象是1962年出生的黑人贫困家庭的123名儿童。其中58名儿童是接受高质量教育的实验对象,其他则是接受普通教育的比较对象。赫克曼对他们进行了长达

40年的追踪调查。结果发现，幼儿园教育在几十年后持续产生了积极的效果。不用说就业和年收入，就连犯罪率方面，两个群体也显现出巨大差异。实验结果表明，幼儿园教育对智商等认知能力的效果是短期的。毕业一两年后，实验群学生和比较群学生之间的差距基本上消失了。通过长期的观察，赫克曼发现改变他们人生的是诚实、社交等非认知能力。

赫克曼以这个实验结果为依据，向财政部门和政界提出了自己的主张。通过他的努力，各州预算和国家预算的分配顺序发生了很大的改变。赫克曼认为，青年补贴①政策也许因刺激消费在一定程度上会改善社会分配制度，可这种政策有可能阻碍资源分配的效率性。相反，对弱势阶层婴幼儿的无偿教育投资不是单纯的消费，而是给未来带来更大收益的强有力的投资。

从常识上讲，对贫困家庭孩子的教育投资是使他们在成人阶段树立正确的价值观，成为健全的社会人的力量。家境贫困的孩子因从小未能接受来自父母的正确教育，从而缺乏认知能力和社交能力，很有可能误入歧途，走上犯罪的道路。这就需要给这些孩子们制订一个从小能读书、能与别的孩子融为一体的国家计划。赫克曼强调，只要给予儿童适当的预算内投资，就可以达到解决就业问题、增加税收、降低犯罪率、减少公检法费用的目的。对此，民主党、共和党乃至奥巴马总统都深受感动，点头赞成。

---

① 西方国家为年满24岁以上的失业青年发放的就业补贴。——译者注

给奥巴马政府产生巨大影响的"赫克曼模型"

包括乔治亚州看守所在内的一些看守所里,经常发生在押犯人的暴力行为。于是,赫克曼教授对诱发暴力行为的氧化酶 A 型基因进行了实验。实验结果表明,即使拥有氧化酶 A 型基因,只要在中产家庭接受良好的教育,就不会犯罪;相反,如果孩子在暴力环境下未能接受正规教育,就很容易出现犯罪行为。而氧化酶 A 型基因较少的孩子即使受到虐待,也不会轻易犯罪。

赫克曼认为,尽管人性的一半受遗传基因的影响,可另一半也能通过教育来改善。即使是不良遗传基因,也会因环境的变化而阻断其不良的一面,而良好的遗传基因在良好的环境下可以进一步升华。赫克曼还主张,贫富之间的教育差异最好通过提高穷人的生产效率来解决,而提高穷人生产效率的捷径就是重视早期教育,因此对 3—4 岁幼童进行早期教育是非常重要的。考虑到人性教育的相当一部分是在家庭中进行的事实,赫克曼认为,政府应该将单亲家庭或低收入家庭的婴幼儿教育放在政策的优先位置上。他的这些主张值得我们深思。

在赫克曼看来,生活就是提高自信心的过程。人生的意义就在于培养和提高能够耐心解开一道数学题,能够以平静的心情享受美妙的音乐,能够在与他人的交流中控制情绪的综合智慧和社会情感能力。他认为,智商固然是生活中的重要因素之一，情商也是装扮美丽人生不可缺少的因素。赫克曼说的"成功的人生不在于如何提高智商，而在于能否均衡地培养情商"是我们在人生旅途中值得回味的一句话。事实上，步入社会后，一个人在经济、社会上的成功主要是由他的诚实、创造力、自制力等决定的。正是出于这个原因，赫克曼主张，必须从3—4岁开始进行早期教育。诚实、自制、沟通是与人交流所必需的"软技能"（Soft Skills）。为了培养这种软技能，必须要重视教育，赫克曼的这一主张说出了我们的心声。对于被冷落的孩子来说，重要的不是"缺钱"，而是"缺乏母爱"。这又是对那些为生活而奔波的现代人想用金钱来解决子女教育问题的态度亮出的一张警告牌。

　　救济生活困难的人，提供面包是首要问题。然而，要想以发放救济金的简单方式改变他们的现状，恐怕到下一辈也很难彻底改变贫困的面貌。从长远来看，为生活困难的人打造充满母爱的环境也是非常重要的。因为只有在这样的环境下，他们才能作为一个社会成员走上正确的人生之路。赫克曼认为贫穷之所以会代代传下去，就是因为孩子们生活在上不了学、也不想上学、失去学习动力的环境中。根据他的主张，产生有钱人和穷人的最大根源就在于"始于母爱的婴幼儿教育"的差距上。

　　赫克曼主张，要消除美国的两极化，在今后的20—30年内必须对贫困儿童的教育进行集中投资。那么这种教育投资的收益率到底有多大呢？赫克曼认为，收益率每年可达7%—10%。他说，如果给一个4岁的儿童投资1美元，到这个儿童65岁时可以得到60—300美元的收益。赫克曼的这个预测，我们听起来觉得有点不可思议。赫克曼还指出，用早期教育投资来降低犯罪率，其成本也远低于增加警察人数的成本，只占增加警察人数成本的五分之一左右。他还认为对穷人的投资还会给其他人带来利益，即国家通过教育投资所获得的利益，不仅可以造福于贫困阶层，包括中产阶层和富裕阶层在内的纳税人乃至整个社会都可以共享。

经济学中有很多复杂的模型，这里举一个非常简单的模型，那就是以詹姆斯·赫克曼的名字命名，对奥巴马政府的决策产生过重大影响的"赫克曼模型"。这个模型的核心是"投资（Invest）+发展（Develop）+维持（Sustain）=收益（Gain）"。每个人都应该从小开始拥有平等的学习机会。为此，赫克曼呼吁，国家应从财源上增加投资（Invest），保障贫困儿童的学习权利。赫克曼模型强调，要集中开发（Develop）0—5岁儿童的智力和社交能力，要维持（Sustain）最周密有效的教育计划，直到他们长大成人为止。只有这样，孩子们长大以后才能成为优秀的劳动者，从而实现全社会性的收益（Gain）。

一个人的成长过程中，婴幼儿期是一生教育的起始点，也是形成人性基础的时期。因此，国家和社会对婴幼儿教育的责任非常重大。如果像赫克曼主张的那样，婴幼儿期是人力资源投资收益率最大的时期，仅从效率的观点上说，也是很有意义的投资。正因为如此，很多国家积极扩大对婴幼儿教育的财政投资，缩小早期教育的差距，为婴幼儿教育提供高质量的服务。如此来看，国家一再强化培养优质人才的竞争力并不是空洞的。问题是能否制订周密有效的教育计划和培养优秀的教师队伍。

看看不时曝光的有关"儿童之家"的负面报道，人们不禁担心韩国的婴幼儿是否真正受到正规的保护和养育。负面报道中提到的父母或"儿童之家"教师违反伦理道德的保育行为，更使我们的心情变得阴郁。为了开发未来的人力资源，解决低出生率问题，韩国正在实施比美国更加激进的婴幼儿保育政策。问题是我们的教育计划和教育环境是否会按照赫克曼"爱心教育"的主张来实施和运作。国家旨在缩小由社会、经济问题而导致的婴幼儿教育、福祉水平差距的政策，是值得肯定的。尽管财政有一定的困难，但国家应该集思广益，切实保证对婴幼儿教育的可持续发展。国家还要进一步强化对不同地区、不同部门以不同方式提供的幼儿教育的管理。

要逃离《死亡诗社》[①]

赫克曼认为一个人成长过程中最重要的时期是 0—15 岁,其中 0—8 岁尤为重要。因此,他建议父母给这个年龄段的子女多念书、多讲故事。以生活困难为由忽视与子女的沟通,将子女的教育一味地托附给国家管理的"儿童之家",这样很难得到赫克曼模型的效果。赫克曼教授十分担心韩国教育制度过分忽视毅力、诚实、激励等非认知性能力的培育。他认为,韩国的学校考试从未获得过国际社会人性化的评价,而最近对经济、教育领域的研究结果表明,只有当人性与经济、社会行为联系在一起的时候,社会生产率才能得到提高。对此,人们不禁感到疑惑,溺爱子女的母爱是否使韩国的婴幼儿教育误入倾向于竞争的非人性化教育的歧途?

赫克曼还特别强调了婴幼儿期培养孩子正确的自尊心的重要性。为把子女送到名牌学校而热衷于超前教育的韩国母亲,既不是马歇尔理论中的母亲,也不是赫克曼模型中的母亲。针对升学率超高的韩国教育现实,赫克曼曾谨慎地发表过自己的看法:如果大学里学到的知识与生产率的提高无关,那么,那种

[①] 《死亡诗社》:Dead Poets Society,一部美国电影。——编者注

知识是没有意义的。

美国电影《死亡诗社》里出现很多像莎士比亚（Shakespeare）、埃德加·爱伦·坡（Edgar Allan Poe）等被我们赞颂的文人。我们目前的教育体制往往要求孩子们机械地背诵那些已经死去的诗人的诗句。看到孩子们死记硬背的模样，我们的心里是什么滋味呢？千篇一律的教育方式、不思进取的教育态度，是父母们早应该摒弃的陈腐的东西。《死亡诗社》实际上意味着没有灵活多样性，只有胜者才被人们记住的压抑的社会。当然，教育是决定一个人将来生存的重要因素。人们之所以研究教育对经济发展所起的重要作用，以及发展经济学之所以特别重视教育，其原因也在于此。赫克曼也承认这一点。

对贫困家庭儿童的教育投资是让这个社会变得更温暖的一缕阳光。随着韩国也引进"5岁共同教育课程（针对满5周岁儿童设置的培训课程）"，国民期待在身体锻炼、情感沟通、社会关系、艺术经验、自然探索等五个领域形成早期人性化教育体系。然而，制定24小时满负荷学习时间表来管理孩子的现象又反映出教育竞争的另一个侧面。如果父母们在心态上急于求成，试图用竞争来解决所有问题，那么这种教育方式从整个社会层面上看还有什么意义呢？把一切归咎于引发竞争的新自由主义的社会里，我们不禁反问自己，我们到底知不知道新自由主义的真正含义？新自由主义是为了消除低效率而培养竞争意识、向往小政府的一系列思潮。我们不否认新自由主义的竞争万能思潮确实给社会造成一系列的问题并助长了两极分化，但我们也不能因此歪曲新自由主义的本质——自由这一崇高的精神。倒是我们内心过分的竞争意识和狭隘的度量使我们对新自由主义的理解产生了偏差。

赫克曼充分理解平等性和效率性之间相互矛盾的关系。他之所以伟大，是因为他比任何人都清楚地阐释了对贫困婴幼儿的教育投资能够提高社会平等性和社会投资收益的结论。孩子们需要梦想，应该给孩子们注入充满自信和希望的自由精神，不要注入踩着别人的肩膀向上爬的被歪曲的竞争意识。不要忘记，如果父母和社会让孩子们从小失去心灵的自由，那么我们所有人都将掉进不幸的深渊。

[经济与"制度"的相互作用]

道格拉斯·诺斯的制度经济学

道格拉斯·诺斯(Douglass C. North, 1920.11—2015.11)

  道格拉斯·诺斯于1993年获得了诺贝尔经济学奖。道格拉斯·诺斯是用经济理论分析过去的经济现象,并将分析结果联系到现实经济来说明经济理论的经济史研究大师。诺斯深受大萧条和第二次世界大战两次经济混乱期的影响,一生埋头研究"创造富裕经济的条件"的课题。他认为,长期的经济发展过程就是经济与"制度"相互作用的过程,并对这一过程做了计量分析。诺斯的思想被称为是制度主义革命,对经济学以外的政治学、法学领域也产生了很大的影响。人们认识到,发展中国家要求得发展,必须在制度或在信念体系上发生变化。

曾经的强国阿根廷沦落为债务危机国家的原因

意大利的马可（Marco）一家非常穷。于是，马可的妈妈前往富裕国家阿根廷打工去了。有一天，小马可思母心切，漫无目的地踏上了寻母之路。小马可还是幸运的，历经千难万险，他终于在众人的帮助下找到了妈妈。《三千里寻母记》[①]虽然是小时候读过的故事，可至今仍能打动我们的心。故事中的阿根廷曾经是号称"南美珍珠"的国家，也是世界七大强国之一。直到第二次世界大战之前，还有很多人为了赚钱移民"探戈之国"阿根廷。然而，如此辉煌的阿根廷在此后的一段时间里，因工人无止境的罢工、政商勾结、政客的贪婪和腐败使国家债台高筑，最终陷入违约危机，书写了一篇令人痛心的历史。一首《阿根廷，别为我哭泣》（Don't Cry for Me Argentina）诉说了因长期的经济危机饱受挫折的阿根廷国民爱恨交织的血泪史。

因阿根廷的违约宣言，国际财团失去了巨额的本金。然而，不可思议的事情发生了。2016 年 3 月，美国对冲基金——布雷斯布里奇资本公司（Brass Bridge Capital）通过与阿根廷政府的债务偿还协议，竟然获得了投资金额

---

① 《三千里寻母记》：是由意大利文学巨匠亚米契斯 Edmondo De Amicis（1846—1908）的传世经典《爱的教育》改编而成的故事。——编者注

952%的收益。2001年，阿根廷针对1000亿美元对外债务发布了违约宣言。当时，国际财团就债务调整问题达成了协议，可是购入部分债权的对冲基金公司提出了本金偿还诉讼。经过十年的法庭攻防战，对冲基金公司于2012年在美国纽约地方法院被判决全额胜诉，并与阿根廷经过几年的协商，获得了巨大的收益。

看到阿根廷因制度、政策、国民情绪等原因从一个强国沦落为债务危机国家，电影《艾薇塔》①女主人公的原型伊娃·佩隆（Eva Peron）更让人觉得可怜。伊娃·佩隆是前任阿根廷总统胡安·佩隆（Juan D. Peron）的夫人，只活到了33岁。国民对这个第一夫人众说纷纭，甚至停止发行印有她的头像的纸币，代之以发行了濒临灭绝的鹿的图案。可以说这是将胡安·佩隆视为左派民粹主义代表人物，为清除佩隆主义而实施的一项措施。

现在让我们一起看看经济学教科书。微观经济学中最重要的部分是市场原理。问题是市场原理不可能解释经济学的所有理论。传统的经济学致力于对市场理论的解释，然而，从现实上看，没有相应的制度，市场就不可能正常运转。现实中的市场与古典经济学的基本假设不同，是很不完整的。现实中的市场不仅没有具备完整的交易信息，其交易成本也非常高。尽管承认了私有财产权，但围绕财产权的个人之间的纠纷仍在持续。即使签订了交易合同，如果保证迅速履行的措施跟不上，就很难确保其实效性。如果这些制度不健全，即使是市场经济，也会出现交易成本和非效率性增加的现象。从重视效率性的角度上看，必须制定以降低交易成本为目的的多项制度。经济学以制度为研究对象，是因为经济学是讲效率的学问，而效率又是经济发展最基本的因素。

产业革命以后人类取得了辉煌的经济发展。决定经济发展的最基本的因素

---

① 《艾薇塔》：Evita，一部以阿根廷前总统胡安·佩隆（Juan Peron）的妻子伊娃·佩隆（Eva Peron）为主角的音乐剧。——编者注

是什么呢？有人认为是人口、勤奋的劳动、雄厚的资本积累、技术创新、教育、高效的政府、企业家的冒险精神、广阔的市场等。没错，这些的确是经济发展的因素，但1993年获得诺贝尔经济学奖的道格拉斯·诺斯主张，还应揭示决定经济发展的更深层次的原因。作为更深层次的原因，他提出了"有效的制度"。他认为，只有具备有效率的制度，生产率才能得以提高，社会体制也才能得以稳定。也就是说，树立一种人们普遍信任的制度是发展国家经济的非常重要的因素。国民要积极提出改进政治、经济制度的意见和建议，使其反映在国家政策之中，而国家应该确立能够反映国民意志的制度，以谋求经济发展和社会稳定。诺斯坚信，只有具备灵活性的制度才能使市场成为有效的分配手段。

不同的制度决定了中国和英国不同的命运

下面为了观察制度的重要性，我们回顾一下历史上发生过的一些事情。直到18世纪40年代，作为世界经济中心的中国为什么没有发生产业革命呢？西欧各国早在16世纪开始建立殖民地，向自己的国家源源不断地输送了本国缺乏的资源和劳动力。而中国作为一个大陆国家，从不缺乏资源、劳动力等生产因素，而且周边各藩属国还给中国朝贡。中国的这种自给自足的方式与西欧国家的掠夺方式存在着根本性的区别。以儒教为根本理念的中国比起"发展"，更注重"体制的维持"，而西欧则力争摆脱资源严重缺乏的环境，追求更加富足的生活。西欧的这种"欲望"正是他们比包括中国在内的亚洲国家发展更快的决定性原因。

殖民地经营，使欧洲商人阶层的力量自然变得强大，随着那些商人进入政界，商人的呼声在整个社会占据了主导地位。结果，政治制度从君主制转向了君主立宪制或共和制。反观中国，虽然以庞大的人口形成巨大的市场，但由于到处充斥廉价劳动力，因此对机器的投资漠不关心。直到明朝，商业仍处于低潮，贸易受到限制，所有的一切都掌握在国家的手中。由于国家掌握绝大部分的钱财，主导商业的资本主义和与之相应的手工业者也迟迟没有得到发展。

中国在拥有庞大的人口和资本的情况下仍没有引起产业革命,其原因是未能建立能够引发新变革的制度。在欧洲,自从通过市民革命建立能够保障个人财产和自由的制度之后,经济得以快速发展。而在以中央集权的君主专制制度下,中国不可能在制度上保证经济自由和财产权,因此,自然而然地跟不上欧洲的经济发展速度。到头来,建立以商人(资产阶级)为后盾的自由经济制度的欧洲赶超了科学技术发达的中国。诺斯还在制度层面上分析了英国和西班牙经济的历史性变化过程。英国的议会是由商人阶层的代言人构成的,因此,王室特权受到限制,私有财产和个人的政治、经济自由得到伸张的制度占据了上风。而西班牙则由于绝对君主势力过于强大,在这种势力的统治下很难建立保证个人自由和私有财产制度,因此,在经济上远远落后于英国。诺斯的理论对近代之前的古代社会也是适用的。作为人类文明起始点的农耕社会之所以能够站得住脚,也是财产权被发明的结果,中世纪西欧出现封建制度也是为保护财产权而做出的选择。

在经济发展过程中,缺乏资源或技术并不是问题。关于这一点,比较一下东北亚和东南亚就可以知道。东北亚是个资源相对缺乏的地区,可他们的发展速度却比资源丰富的东南亚或南美要快得多。然而,从国外引进先进的制度也并不是一件容易的事情。模仿制度很容易,但已经被社会系统化的制度作为该社会的文化产物,要改变其性质并不是件容易的事情。所以说,一个社会建立具有竞争力的制度要比提高技术水平难得多。由于制度的历史发展过程不同,有些国家通过先进的制度实现长期繁荣,可有些国家却一直在低迷中徘徊。因此,诺斯认为经济制度的进化意味着经济的发展。

移植制度会促进经济增长？

诺斯主张制度并不是按照少数精英或政府的意志人为形成的，而是以全社会的信任和信念体系为基础形成的。他特别重视人们对现实的看法和对现实的评价。

现在我们一起看看诺斯在 1990 年出版的《制度、制度变迁与经济绩效》（*Institution, Institutional Change, and Economic Performance*）一书的内容。他在这本书里分析政治、制度、经济的成就时说，国民如果不能全面监视政治，会使不合理的制度延续下去。作为这种现象持续恶化的例子，诺斯提出了"路径依赖性"（Path Dependency）的概念。这个概念意味着，法律、制度、习俗、文化、科学知识、科学技术等，一旦在人类社会中形成，即使受到来自外部的冲击，因其原有的惯性也不会轻易被改变。它们的属性或形态更是会长久存在下去。路径依赖性中最常见的例子是英文打字机的键盘排列。直到现在，标准的键盘都是从左向右以"QWERTY"顺序排列的。在手动打字机的年代，打字速度稍微快一点就很容易发生击打活字块的机器臂搅在一起的现象。现在的这种排列就是为了防止这种现象的出现而设计的。随着技术的进步，键盘也应该按照更高效的模式排列，但为了尊重消费者的习惯，才仍然使用过去的模式。

摆脱路径依赖性对国家的发展起着一定的积极作用，但突然改变制度有时会遇到阻碍。我们再看看苹果平板电脑、维基百科、维生素饮品、迷你主页、蒸汽吸尘器等国内外备受瞩目的商品或技术。一说热门商品，人们都以为那是用尖端技术和最新创意制作的，其实不然。看似再也不会发生创新或发展的领域，只通过小小的创新也会制造出备受顾客欢迎并能够主导市场的商品。那么，它们之间有什么共同点呢？虽然在技术或性能上都很优秀，但后者在摆脱路径依赖性时不是一味地排斥路径依赖性，而是以诱导的方式使其发生合理的变化，以最低限度减少由变化带来的不便，从而达到方便顾客、降低成本的目的。

诺斯指责世界银行和世界货币基金组织对发展中国家和落后国家的援助仅限于制度的移植。即使引进同样的制度，由于各国民众的信仰和信念体系不同，经济成果也不尽相同。决定经济成果的，不仅仅是政府通过人为计划制定的正规制度。通过习惯、信仰和态度、道德等民众之间相互作用而顺理成章的非正规制度是经过长期经验形成的文化。正因为变化速度缓慢、以人为形式难以改变的系统化的文化在经济发展中起着决定性作用，因此，诺斯也偏向于非正规制度分析。也有人认为自然资源十分丰富的中东和北非国家之所以经济落后，其原因在于那里的人信奉伊斯兰宗教文化。

诺斯认为，人类的有限理性也可能导致信仰结构歪曲。这就是说，经济的长期发展取决于民众的信仰、准则、共同的偏见等非正规制度，以及反映这一制度的政治、经济制度如何随着社会、经济变化而灵活、积极地变化。他强调了顺其自然的、渐进的制度变化。废弃现有标准更换新的标准时，主导更换标准的动力来自市场竞争。如果收益特别大，那么即使政府不介入，标准也会自行更换。现实中最好的例子是废弃模拟标准后推出的数字标准。代替有线电话的手机也是典型的例子。市场竞争是根据进化论中的自然淘汰和适者生存原则来选定标准的。

诺斯为了理解信仰的形成和制度框架内生活方式的形成,在自己的研究领域里引入了神经科学。这是为了系统地理解在形成和更换信念体系的过程中,以物理化学性质起作用的大脑的神经结构。

信任拯救经济

诺斯认为，规制和税收负担越小、经济自由越大、产权保障越明确、公平竞争越有保障，社会就越可能实现经济上的繁荣。受此影响，产权保护、劳动市场规制、税收负担体系等多种指标被用来当作预测一个社会未来经济发展水平的评价标准。诺斯将在书本中沉睡的历史与数值联系起来，重新解释经济史，并据此制定了现在和未来的经济发展方针。在此之前，经济史被人们看作是与现实经济相脱节的，仅供历史学家研究的资料。诺斯将这些沉寂在书本里的历史资料输入到电脑里，再将数量经济移植到其中，最终成功地恢复了历史资料的生命力。他将经济与政治、制度、历史联系起来，完善了越来越复杂的经济结构，为政策方向的制定奠定了基础。诺斯的功绩应该受到充分肯定。在他的理论中散发着与别的经济学家不同的"钟爱历史的独特的香气"。

也许会有人问，1990年，作为南美国家经济危机的解决方案，美国国际经济研究所（IIE）提出的美国式市场经济体制——"华盛顿共识"（Washington Consensus）为什么会失败？"华盛顿共识"包括税制改革、贸易和投资自由化、去监管化等，其失败原因与诺斯的制度原理息息相关。"华盛顿共识"被移植到尚未做好充分准备的国家，由此引发了南美国家的外债危机。也有人批评这是美国有意改变世界经济体系，为美国资本和企业更容易进入南美，从而增大美国利益的一种手段。虽然"华盛顿共识"是在移植南美之前出台的，可获得诺贝尔奖的《百年孤独》（*Cien a os de soledad*）一书里，作者诉说了中南美悲伤的依附历史，强调为摆脱孤独的链条必须舍弃宿命思维。

有人认为，将诺斯的理论作为经济发展过程一般化的原理来适用未免有些牵强附会。这些人认为，当初发达国家之所以能够实现经济高速发展，其主要原因不是自由贸易，而是以重商主义为基础的贸易保护主义。在此基础上，又出现了不能把自由市场经济制度看得十全十美的主张。第二次世界大战后，日本、韩国等东亚国家不是通过自由市场经济，而主要是通过国家主导的产业政策实现了经济发展。这是与诺斯所说的经济学教科书的理论不同的路径。在经济发展初期，民主主义与经济发展是否必须两立的问题也成了争论的焦点。韩国是在实现民主化之前以国家主导的压缩政策实现了经济发展。不管怎么说，我们不能否认推动人类经济、社会快速发展的主要因素还是自由、竞争及私有财产制度。因为恰恰是这些因素激发了人类经济社会发展的动机。

为了在残酷的世界市场上生存下去，企业家应该成为引领市场的先导者而不是追击者。但有人还在怀疑，我们的制度是否具备了敢于承担先导者风险的正确认识。应该由包括法律和制度以及惯例在内的整个社会系统共同来保护这些先导者。目前，新技术和新产品仍然需要在法律允许的范围内才能得以实施、流通。这就需要我们努力营造没有束缚、没有规制的经济环境。

近几年，韩国政府已选定适合于各地区的战略产业，准备制定规制自由特区的法律，以废除阻碍相关产业发展的规制，使各地区的战略产业成为适应型核心产业。有些全国性的规制放宽政策不适合在产业界实施。据此，政府做出判断，如果对选定适合于各地区的战略产业一次性放宽规制，定将有助于搞活经济。如果在选定的地区战略产业成为规制自由的对象，那么，相关企业是否能开拓新的产业销路，提高经济活力呢？不管怎么样，为了国家的可持续发展，以成熟的制度为基础，推进具有竞争力的技术创新，增进信任这一社会资本比任何措施都重要。现在的关键问题是，如何敢于打破让企业停留在保护和安居框架下的路径依赖型制度，建立走向世界的路径创造型制度。

[政府不是"天使"]

詹姆斯·布坎南的公共选择理论

詹姆斯·布坎南（James M. Buchanan，1919.10—2013.1）

  詹姆斯·布坎南通过对政治决策的经济学分析确立了公共选择理论，因此获得了1986年诺贝尔经济学奖。詹姆斯·布坎南提出了政府有可能因政客、官僚、选民都为自己利益奔波而失败的理论。以前的经济学家都把政治决策过程看成是善意的政府行为，可詹姆斯·布坎南通过公共选择理论，分析得出这种幻想是错误的。詹姆斯·布坎南在1962年与戈登·图洛克（Gordon Tullock）合著的《同意的计算：宪法民主的逻辑基础》（*The Calculus of Consent*）堪称是公共选择理论的经典。在这本书中，詹姆斯·布坎南提议，政治选择上也应该适用经济学方法论——效用最大化模型。

超越历史的戏剧性投票

投票是了解社会成员决策的行为。即使不是雅典广场,一般团体也会为谁是最合适的人选而进行投票。回顾历史,希腊的投票行为似乎并不是最成功的、令人满意的投票。在直接民主初步发达的雅典广场上演的悲剧只不过是为启蒙市民思想的一种手段而已。缺乏自我判断能力的市民即使掌握权力,也不能得到比愚民政治(多数愚民引领的政治)更好的结果。正因为如此,为获得真正的民主的演练才需要继续进行下去,通过广场演出向市民传播真正的民主主义。可以说,广场演出成了所谓的"学习教材"。

后来,希腊也以投票方式制定了重要的经济决策,但也许"悲剧学习"没有起到应有的作用,悲剧还是经常发生。1999年,希腊采取做假账等财务欺诈手段,隐瞒财政赤字和负债比率数据,加入了欧元区。成为使用欧元的国家之后,希腊货币立刻升值,其信用等级也随之提升了。然而,这无异于苏格拉底喝下的毒酒。没过多久,希腊便陷入违约陷阱,甚至到了通过公投决定是否接受欧盟、国际货币基金组织、欧洲中央银行提出的金融救助案的地步。最终,希腊被视为欧元区财政危机的罪魁祸首,成为欠钱不还的"老赖"国家,给雅典神殿"脸上"抹了黑。国家没钱了,他们便采取了限制自动取款机

（ATM），不允许人们随意取款的措施。2015 年，通过全民投票产生的新政府虽然提出了紧缩公约，但在与债权团的协商中不仅未能履行选举公约，反而接受了债权团的大部分要求。在这样的情况下，"希腊脱欧"（Grexit）的火种仍旧没有熄灭。

戏剧性的投票还在继续。2016 年，英国举行了一场决定是否继续留在欧盟的公投。投票结果超出人们的预料，大部分人赞成"英国脱欧"（Brexit）。英国时任首相卡梅伦将英国脱欧的投票结果提交给议会后，便宣布辞职。他无法从分裂国民意志的责任中解脱出来。不希望留在欧盟的年轻人抗议当权者自以为是的行为毁掉了他们的未来。有人评价这是嫌弃移民的感性认识压倒追求经济实惠的理性认识的结果。也有人认为这是被剥夺就业岗位的中产阶层的反感意识的表现。好在这场闹剧没有波及其他欧洲国家。2016 年 6 月，通过公投，英国以 51.9% 的赞成票数决定脱欧。2020 年 12 月，欧盟与英国之间达成最后协议，于 2021 年 1 月 1 日，英国彻底脱离欧盟。据英国政府报告，在今后的十五年里，英国脱欧后所受到的贸易损失将达到由此带来的收益的 178 倍。

日本也曾涌动过令人深思的暗流。日本前首相安倍晋三确定推迟原定于 2017 年 4 月上调第二次消费税率的时间。原因是由于经济状况的持续恶化，他们很难实施原先主张的"无条件上调"计划。由于上调消费税以后举行选举对执政党非常不利，因此，有必要将延期上调当作改宪的铺垫。

像这样，主要发达国家的经济决策大多通过投票来决定，即使说很多与经济相关的法律或决策都是由国民选出来的代表来左右也不为过。日本政府从 2019 年 1 月 1 日开始，将消费税率从 8% 上调到 10%。

多数公决原则[1] 并不是万能的

在实施某一经济政策的时候，政策当局往往会收集各界社会舆论。问题是国民通过公开讨论就国家大事而认定的意见，不一定是最佳解决方案。这种意见是由各个不同利害关系的人通过妥协而得出的现实性的答案，因此固然予以尊重，但是我们不能不考虑投票结果是否真正反映民意的问题。那么，投票结果能准确地反映民意吗？假定以投票方式在 A、B、C 三个候选人当中选举一位总统。40% 的国民给 A 投支持票，另外 60% 国民投反对票。投反对票的这 60% 的国民认为只要不选 A，那么 B 和 C 当中选谁都可以。在这种情况下对三个候选人进行投票，A 可以获得 40% 的票数，而 B 和 C 只能分别获得 30% 的票数。于是，根据多数公决原则，A 有可能当选为总统。

根据多数公决原则的投票制度，只有在两名候选人的时候才能发挥自己的功能，超过两名就不能准确反映国民的意愿。事实上，2000 年美国总统选举中，绿党的拉尔夫·纳德（Ralph Nader）在最激烈的竞争战场佛罗里达州获得了约 95000 票。然而这个票数却成了决定乔治·布什（George W. Bush）和阿尔伯特·戈尔（Albert A. Gore）胜负的变数。大部分拉尔夫·纳德的追随者

---

[1] 即少数服从多数的原则。——编者注

在支持拉尔夫·纳德同时，又支持了作为第二个候选人的阿尔伯特·戈尔。由于拉尔夫·纳德抢夺了阿尔伯特·戈尔的部分选票，最终使乔治·布什赢得了大选。在政策选择上也会出现类似的情况，甚至会发生投票悖论（Voting Paradox），即提交议案时只要改变一下提交顺序，最终选择的结果也会完全不同。

"多数公决原则并不是万能的"这一投票悖论，是法国大革命时期的政治家、数学家孔多塞（Condorce）发现的。假定有 A、B、C 三个候选人。经过事前的舆论调查，发现三分之一选民对三个候选人的倾向是 A>B>C，另外三分之一选民的倾向是 B>C>A，剩余三分之一选民的倾向则是 C>A>B。这时，在 A：B 中，A 可获得过半的票数（A>B），在 B：C 中，B 可获得过半票数（B>C）。如果 A 与 C 进行对决，结果会怎么样呢？如果按照前面 A>B、B>C 来推理，似乎肯定是 A>C，然而，实际上在 A：C 中获得过半票数的却是 C。可见，对候选人排列顺序的不同，其票数结果也会发生变化。如果不想让半数以上的选民不喜欢的候选人当选，那么也可以采取先除掉不喜欢的候选人的投票方式。问题是候选人多的时候还要进行多次投票。这种制度叫作"最终投票制度"，即无法确定当选人的时候，以两个得票最高的候选人为对象再次投票选举。

不是他们不好，而是政治制度出现了问题

揭露民主主义投票制度矛盾的代表性经济学家就是詹姆斯·布坎南。在布坎南看来，不论是投票者还是政府都在追求私利，力争将效用最大化。此外，政府往往根据收入、权力和名誉等利己主义倾向而行动，从这一点上看，政府与市场参与者没什么两样。布坎南作为自由主义者从来不把政府看成是"天使"。他甚至捂着鼻子说政府是"散发着肥胖症患者臭味"的存在。

布坎南主张，比市场失败更可怕的是政治失败。现在我们回想一下大家熟知的古罗马时期两个歌手的故事。两个歌手互相吹嘘自己唱得更好，他们二人争吵得脸红脖子粗。皇帝实在看不下去，于是当了他们二人的裁判。第一个歌手唱了一首歌。听完他的歌，皇帝不等第二个歌手唱歌便给第二个歌手颁奖了，因为第一个歌手的演唱水平没有达到皇帝的音乐欣赏标准。其实第二个歌手是个五音不全的音乐盲。在这则寓言中，先唱的人象征着自由市场，第二个人象征政治过程。布坎南以这则寓言为例，向重视政府作用的经济学家们发出警告：必须冷静看待政治现实，不要再做出像皇帝那样愚蠢的事情。

人们平时都在骂违背国民意志的政客，可一旦进行选举，人们便鬼使神差

般地给他们投下一票。我们能把人们的做法看成是合理的行为吗？詹姆斯·布坎南主张，政客不作为不能全部埋怨政客，首先要埋怨促使选民不得不选出那些政客的民主主义政治制度。凡是人，都喜欢得到来自他人的好处。布坎南认为，人的私欲决定，只要是免费的东西，不管什么人都想得到。只要政府增加支出或减免税收，国民没有一个不高兴的。就像2015年韩国年末精算事件一样，从口袋里拿走一分钱，国民就愤怒，就反抗。

在只有得到选民的认可和选择才能成功的政治环境中，钱就是生命。因此，布坎南认为，只要能得到选民的认可，政府可以随时做好向选民发放金钱福利的准备，立法部门也敢于为凌驾于法律之上的掌权集团制定有利于他们的特惠法律和特殊制度。对此，市民的反应又是如何呢？从世界范围来看，市民普遍指责那些政客的虚伪行为，对他们表示失望和不信任。布坎南忠告那些市民：政客虚伪的行为不是因为他们不好，而是因为政治制度出现了问题。他认为，大部分发达国家遭遇慢性财政赤字的原因就在于民主政治制度的弊端，并由此创造出了"赤字民主主义"一词。

"合力滚动圆木"的国会议员们

意大利国民对本国政治的不信任现象非常严重。意大利自20世纪60年代就开始实施了松散型财政政策。后来，政策当局意识到这种财政政策不可能持续运行下去，便按照《马斯特里赫特条约》(*Mastercht Treaty*，旨在欧洲政治、经济、货币一体化的欧洲统一条约)规定，决定尽量将财政赤字规模维持在GDP的3%以内。于是，自20世纪90年代以后，政府负债在GDP的比重逐年减少。问题是意大利的财政健全化不是通过提高国家竞争力，而是采取增加政府收入为主的措施来实现的。政府收入的增加主要是靠增加税收来实现的，其中劳动所得税占比尤其大。与此同时，他们还大幅减少了支出。减少的支出主要是用于社会间接资本的支出。由于对劳动者苛税过重，使劳动者失去劳动欲望，同时，因公共投资的减少，社会间接资本逐渐退化，意大利经济竞争力也大大减弱了。意大利人伤心地说：

"据说政府正在全力以赴进行各种结构调整。国民的养老金一再被削减，可我们只能忍受。幸运的是我们的情况还没有糟糕到跟希腊一样的地步。我们至少还没有沦落到无锚小船在爱琴海随波逐流的地步。桑塔露其亚～桑塔露其亚～"

布坎南所说的赤字预算是政府留给后人的负担。他预测这个负担将来有可能招致后代之间的矛盾。这里我们暂时聊一聊捅破上下两代人矛盾的法国一家电视台音乐频道的故事。年轻的歌手们先发制人攻击老一代人。

"你们占了和平、自由、充分就业等所有好处，可我们却在到处充斥失业、暴力、艾滋病的环境中苦苦挣扎。"

老一代歌手反驳道：

"我们所得到的一切都是通过努力得来的。要想得到幸福，你们也该付出代价。"

"没有未来的人生"是一首反映年轻人现状的歌曲，歌词听起来令人毛骨悚然。这首歌是由运营救济食品发放中心的市民团体为募集救助款而创作的，歌曲捅破了法国两代人之间的矛盾。就连生活问题都没有得到解决的年轻一代向过着富足生活的老一代愤愤不平地质问："你们为什么把社会弄成这个样子？"对此，老一代人又指责年轻一代的依赖性和脆弱性。步入低增长时代，两代人的矛盾已经成为如此严重的社会问题。两代人之间的不协调往往会阻碍社会发展进程。为什么会到如此地步呢？年轻人说，这是政客们为了获得更多的票数，将政策偏向那些高高在上的、上了岁数的大人物利益的原因。甚至有些年轻人误判自己这一代已经无法战胜中老年阶层而开始自暴自弃。对年轻人的这种失落感，老一代人和政客有必要好好反省一下。

布坎南的思想是政府以市场失败为由干预市场达到高潮的20世纪中后期的产物。当时，主流经济学家当中，没有一个经济学家出面告诫政府干预所带来的危害。布坎南称财政赤字连年上升的现象为"因宪法混乱而引发的万人对万人的斗争状态"。布坎南慨叹的是，现代社会任何一个国家的宪法，都没有制定有效限制政府肆意行使权力的约束机制。正因为如此，政府以政治利害关系代替"政治原则"去肆意运营预算、发放资金、制定法律。在欧洲各国重蹈财政危机覆辙、债台高筑的当下，我们有必要重温布坎南的思想。

布坎南还提出了投票制度中的"合力滚动圆木"（Log-rolling）的问题。所谓"合力滚动圆木"是指，政客们相互标榜、相互吹捧进行投票交易并串通一气的行为。"合力滚动圆木"一词来自伐木工在搬运一棵圆木时相互合作共同滚动圆木的行为。比如，A 与 B 两个政客事先商量好，如果 A 支持 B 的法案，那么 B 也支持 A 的法案。这就是隔着一定时差合力滚动圆木的行为。有时他们还采取先由 B 帮助 A 拉选票，回头再由 A 帮助 B 拉选票，或帮助 B 进入他所希望的委员会，获得所谓"附带优惠"，他们利用这些手段形成"合力滚动圆木"效果。多数党的国会议员联合起来轮番通过对自己地区有利的政策，就是"合力滚动圆木"的目的。如果以"合力滚动圆木"的行为通过的政策不是代表国家利益而是代表地方利益，那么，这种选举结果是被歪曲的结果。以"合力滚动圆木"方式联合起来的国会议员大部分都是同属一个党的同党。这样一来，推出多数党国会议员的地区民众自然会得到更多的好处。因此，为了获得更多的好处，人们往往给那些有望成为多数党的政党候选人投票。这就是每到选举季节，政客们频繁出现在所属地区，给那里的人们提供好处的原因。

偏向中等阶层的原因

2016年，美国大选中最热门的话题是就业问题和强化收入再分配功能的问题。在这种情况下，注重稳健财政的经济学家们主张，政府应该关注容易引发和扩大赤字财政的"中层选民定理"。低收入阶层之所以同意公共支出的扩大，是因为多数公决投票制反映的是中等收入阶层选民的偏好，而这种投票制往往使公共支出持续增加。这里说的"中层选民"是指位于最低收入阶层和最高收入阶层中间的选民。我们看一看两党制体制下的多数公决投票。当出台反映国民不同偏好的某一政策时，为了获得半数以上的投票，两党不是采取什么极端措施，而是采取有利于中层选民的政策。国会重视中层，是因为在一人一票的多数公决投票中可以得到更多的票数。如果政策将焦点对准中等阶层，高低两端的选民就会以自己的意见没有被政策所反映为由而弃权。在民主主义国家，富人的财富往往变相地转化为中层的福利，中层选民从富人那里得到不少好处。因此，福利支出的增加也可以用"中层选民定理"来说明。

当然，由于在多党制条件下可以提出差异化政策，因此，不会出现"中层选民定理"被歪曲的现象。"中层选民定理"中最重要的是"选民有没有代表性"的问题。如果大部分人支持两端阶层的偏好，只有一人支持中层偏好，结果会怎么样呢？在这种情况下，理论上说，有可能出现只有一个人满意的项目被选中，而大多数支持的，而且排位靠前的项目却无法被选中的现象。在行使一人一票制的民主主义社会，不管是富人还是穷人都行使同样的一张票。因此，位于收入分配中间位置的人支配选举结果可能性更大。

最近，随着世界两极化趋势加剧，最高收入阶层逐步集中，出现了位于收入分布中间的中等收入阶层的收入低于平均收入的现象。于是，有人主张各国政党有可能将更加关注收入分配的公平性问题。根据"中层选民定理"，这一主张完全有可能。这意味着人们仍然关注在民主主义的幌子下肆意奉行民粹主义的问题。问题是，刺激选民意向的选举承诺有可能同时招致阻碍资源最佳配置的市场失败和引发赤字财政，从而导致政府失败。所以我们有必要验证选举承诺中的财源是否已经筹集到。也有人主张，对政客的选举承诺应赋予国民索要独立机构分析资料的权限。对需要大规模预算的政策，有必要公布外部机构的评价。以第三者的角度来看，政府部门或捐款机构审核并公布选举承诺的财政需求也是可取的。

布坎南视财政赤字的持续为邪恶的思想，对各国宪法也产生了不小的影响。瑞士在宪法中规定了税率提升上限和财政支出的下限，德国通过改宪引入赤字预算的界限和竞争性联邦主义制度，瑞典的以自由市场原则修改宪法等，都是为了防止国家滥用权力，保护个人自由和个人产权的举措。可以说，这些都是受布坎南思想影响的结果。总之，选举是一种举步维艰的经济决策行为。

第五部分

技术与创新

(Technology & Innovation)

　　技术发展和创新是我们无法回避的必修课。围绕技术发展和创新的消费者选择权、企业道德问题、国家规制的确立、国际社会争论动向等，我们必须好好规划未来发展的蓝图。

　　第五部分通过讨论平台市场、共享经济、人工智能、网络中立性等问题，帮助我们认清技术发展和创新的"明"与"暗"，从经济角度观察什么是值得期待的未来、什么是幸福的生活等问题。

[夜总会与谷歌的共同点]
让·梯若尔的双边市场理论

让·梯若尔（Jean Tirole，1953.8—）

让·梯若尔毕业于法国精英教育机构之一——巴黎综合理工学院。梯若尔于1981年在麻省理工学院获得经济学博士后，从1984年起，在麻省理工学院担任教授。1991年，他转到法国图卢兹大学后，发表了有关金融、宏观经济、经济与心理、博弈论等经济学各领域的诸多论文。作为产业组织理论和博弈论的大师，梯若尔深入研究了个别市场主体的战略选择会导致什么结果的问题。梯若尔凭借这一理论贡献荣获2014年诺贝尔经济学奖。

平台市场与夜总会的网络效应

有一个人人怀有不同心情而聚集的场所。在那里，有人恋恋不舍地流下惜别的眼泪，有人为能离开故土而激动不已，这就是车站站台。如果把报纸比喻成站台会怎么样呢？为销售商品，人们在报纸上刊登广告。报纸的主要目的是向读者提供新闻报道，但对报社来说，仅靠订阅费经营是不划算的。他们需要广告收入。读者和广告商心怀各自的目的，访问原本提供新闻报道的报纸这一"站台"。报纸市场就是这种使消费者既能成为用户又能成为供给商的服务场所，也就是说，报纸市场就是经营平台业务（Platform Business）的场所。在读者和广告商这两个不同群体之间充当中介的市场，由于同时考虑购买新闻报道和刊登广告这两个不同商品的顾客的需要，因此，又叫做"双边市场"（Two-sided Market）。

我们所熟知的市场是存在需求者和供给者、购销单一商品的地方。我们通常所说的市场不是以消费互不相同的商品为目的，而是以消费单一商品或服务为目的的单边市场。由此可以给"双边市场"下定义，即以一个平台为中心，有两个以上不同群体进行交易的地方就是双边市场。读者和广告商就是通过报纸版面这一平台实现相互之间的联系。在平台上偶然看到广告商的商品广告的读者，成为广告商的交易对象。两个群体在平台上相遇并进行商品买卖行为，在这一过程中能创造出新的附加值。广告商为了确保更多的客户，专门寻找读者多、销量好的报纸。一则广告如果在收视率高的电视剧播出时间插播，那才算真正达到广而告之的效果。报纸也一样，只有用最新、最准、最真实的报道吸引读者，才能引起广告商的兴趣。如果能有机会向更多的读者宣传自己的商品，广告商就乐于掏出更多的广告费。而这些广告费又相应地成为报纸降低订阅费的诱因。

从这个角度上看，双边市场是两个群体——领取补贴的群体（读者）和发放补贴的群体（广告商）存在的市场。属于双边市场范畴的，除了报纸市场以外还有哪些市场呢？信用卡公司是信用卡加盟商和信用卡用户之间的媒介。这是双边市场又一个代表性的例子。如今，双边市场由于发达的信息通讯技术已经扩大到虚拟空间。平台业务在互联网世界正以崭新的业务模式诞生并繁荣起来。为争夺美国股市市值总额第一位，谷歌母公司字母表公司（Alphabet）和苹果公司正打得难分难解，美国脸书公司（Facebook）市值总额排名也十分靠前，它们都是以最低费用创造出最高收益的高效率的公司。这些公司之所以能发展到这一步，就是因为成功地实施了平台战略。平台理论不仅应用于经济学，也应用于企业经营战略与市场营销，即广泛用于解释企业的价格策略和生产战略。

为了进一步了解平台市场，让我们回到十多年前来一次时间旅行。有幸回到二十多岁的青葱岁月，不能不说这是一件十分惬意的事情。我们来到20世纪90年代初韩国首尔江南地铁站附近的一家夜总会。为了拉拢顾客，拉客的服务员们你争我夺，不亦乐乎。夜总会就是给男女提供聚会的场所，通过聊天让顾客进行消费。假如有两位长得像当红影星金喜善、金惠秀的女顾客来到这里，她们二人的光临可当即使那家夜总会蓬荜生辉。长相漂亮、身材苗条的女顾客当然都是免费进入的,因为夜总会以她们为"诱饵",为自己带来丰厚的收入。只要有这样的女人出现,男顾客便会蜂拥而至,人山人海,而每当这个时候夜总会老板也会忙得不可开交。仔细观察平台业务,会发现有很多地方与夜总会十分相似。因为平台业务的本质就是通过几个大客户吸引更多的企业投资,实现利益的最大化。

奥多比系统公司(Adobe Systems Inc.)之所以免费提供程序,就是为了让出版社把奥多比程序当作自己的出版平台。奥多比要的,正是使用自己程序的出版社越多,顾客也就越多的效应。对平台市场来说,自己的产品或者服务质量能够吸引多少顾客也是一个非常重要的问题。如果某一个人对某一特定商品的需求能影响到周围的人,就会产生众多顾客跟着那个人选择商品的效应,这就叫"网络效应"。由于这种网络效应,生产者就能获得生产规模越大、成本越低的效果。使用的人越多,生产规模就越大;生产规模越大,成本就越低;成本越低,使用的人就越增加。这就是网络效应。随着技术的发展,网络效应呈扩大趋势。技术进步减少了生产成本,降低了产品价格,提高了产品性能,也提高了吸引消费者进入市场的速度。

"我们是什么样的民族?我们是外卖民族。"

这是某一外卖软件的广告词。外卖软件减少了我们挨个查找广告传单来选择所需商品的麻烦。这种市场里同时存在着通过软件订购商品的顾客和配送这些商品的商家。他们通过平台进行交易,而平台则在中间附加手续费获取自己的收益。"哇,原来中介也能挣那么多的钱?真想知道其中的奥秘!"例如谷歌和苹果公司将自己的平台(应用商店)交给第三方去开发,而不是交给公司内部的某一部门开发。他们将由平台产生的收益与开发商(第三方)分享。我不由想到,几十年前江南夜总会通过明星效益挣的钱,与几十年后全球化时代中介者的收益相比,简直微不足道。现在,我们再假定谷歌和苹果对自己的系统进行革新。研发成功的应用程序开发商们会自发地开发新的应用程序,并在应用商店注册。这时,如果谷歌或苹果继续创新,开发商们也会利用他们的新技术创造另一种创新成果来回应谷歌或苹果。这就是平台市场的扩散秘诀。

谷歌的一天是从自由挣钱开始的

石油大王约翰·洛克菲勒（John D. Rockefeller）经营的美国标准石油公司（Standard Oil）对石油的垄断，使百姓的生活疲惫不堪。公司在1870年创立，注册资金为100万美元，包揽了美国国内石油领域的生产、加工、销售、运输等，1890年，在美国市场占有率约达90%。尽管洛克菲勒家族隐瞒了收买公权力和镇压劳动者的真相，还用捐赠和回馈社会等假象伪装其原形，但其为提高市场占有率实施残酷无情的价格竞争战略的行径，引起了整个社会的愤怒。对此，俄亥俄州参议员约翰·谢尔曼（John Sherman）呼吁"我们必须用经济体制抵制垄断，就像用政治体制抵制君主一样"，并制定《谢尔曼反托拉斯法》（Sherman Antrust Act，以下称为《谢尔曼法》），将矛头对准了垄断企业。为回避《谢尔曼法》，以控股公司体制经营企业的洛克菲勒与时任美国总统的罗斯福（Theodore Roosevelt）开展了一场仿佛电影《OK镇大决斗》（*Gunfight at the O.K. Corral*，又名《龙虎双侠》）里赌上命运的"生死搏斗"。1906年，标准石油公司因涉嫌违反《谢尔曼法》而受到制裁。美国联邦大法院经审判宣布，解散标准石油公司，该公司最终遭到分裂成多家公司的厄运。如果把目前威风凛凛、风光无限的谷歌与当年的标准石油公司相比，是否有些夸张呢？

对搜索市场之王谷歌的搜索垄断纠纷还在发酵。经过几轮的谈判，欧盟委员会围绕占欧洲搜索市场90%的谷歌和搜索广告改进方案进行了激烈的争论。谷歌搜索最大的问题是，谷歌把自己公司的产品暴露在搜索结果的最高位置。包括微软在内的其他竞争对手，都以谷歌搜索结果不合法为由提出了诉讼。俄罗斯联邦反垄断局（FAS）判决，谷歌在安卓手机上普遍安装搜索地图等应用程序为违反《反垄断法》（Antitrust Law）的行为。在NAVER①和多音（Daum）②的挤压下停滞不前的韩国移动搜索市场上，谷歌也在飞速跃进。随着安装安卓操作系统（OS）的智能手机上都逐渐安装谷歌搜索功能，用谷歌搜索的手机用户不断增加。谷歌购入的视频网站油管（Youtube）和谷歌地图等服务也作为基础功能安装在安卓手机上。用户要想使用NAVER或多音搜索就必须在安卓市场下载应用程序，但若有谷歌搜索则可以直接使用。对此有人指责，这是歧视竞争对手的行为，应该采取对策，防止谷歌滥用移动市场支配权的呼声也是从这里出来的。

不管怎么说，在全球搜索引擎市场上占有率最高的谷歌作为双边市场的典型例子，目前甚至进军汽车市场，其影响力威震四方，势不可当。从谷歌的角度上看，使用搜索服务的网民属于领取补贴的群体。谷歌以广告商为对象提供广告服务并从他们那里筹集企业运营财源。谷歌以自身强有力的市场占有率和对网民的影响力吸引众多广告商，赚取利润，忙得不亦乐乎。就像介绍谷歌企业文化的一本书的书名一样，谷歌的一天就是这样从"自由挣钱"开始的。

谷歌或元宇宙（Meta，脸书部分品牌更名而来）等企业的竞争方式与传统企业将生产的产品提供给消费者的机制不同。政府之所以考虑如何规制市场主体问题，是因为平台市场与传统市场完全不同。顾客在平台市场使用谷歌搜索

---

① NEVER：韩国最大的门户网站。——译者注
② 多音（Daum）：韩国著名门户网站。——译者注

和脸书，不用像传统市场那样支付钱款。对此，会有不少人嘲笑你的无知：

"傻瓜，你还为使用脸书不付使用费而沾沾自喜？难道你还不知道在你使用的瞬间你已经成为脸书商品的事实吗？告诉你吧，这就是双边市场的属性！"

这是什么意思呢？苹果的相当一部分收益来自应用商店。在应用程序开发商考虑苹果手机用户的同时，购买苹果手机的消费者也在慎重考虑苹果手机搭载的众多应用程序。在双边市场上，获得补贴的群体越多，根据网络效应，平台企业的竞争力也就越强。谷歌和脸书仅靠分析顾客提供的大数据，也能在广告市场创造出新的附加价值。与搜索有关的广告市场蕴含着很大的机会，从这一点上看，脸书算是向一直主导搜索引擎市场的谷歌宣布了"大数据战争"。很多顾客也许不知不觉之中为谷歌和脸书的发展助了一臂之力。使用平台市场说自己的服务是免费的，可事实上并不是免费的。在双边市场上，为了扩大基础顾客免收某一方的单边市场费用，是他们的一种策略。因为即使多增加一个用户，脸书所要支付的边际费用也是零。

我们对变化的游戏规则的态度

梯若尔于2014年获得了诺贝尔经济学奖。梯若尔是产业组织理论和博弈论大师，他一生都在研究如何在竞争和公平交易政策中设计规制，并为政府如何解决市场垄断问题提供逻辑性框架。双边市场平台是他的主要研究对象之一。在市场结构垄断化重新成为全球热点问题的今天，他的研究是值得关注的。梯若尔针对政府如何解决市场垄断问题提出了逻辑性的框架，下面，让我们从双边市场的角度看一看梯若尔的这一框架。

梯若尔在理论上明确揭示了双边市场上的价格形成原理与完全竞争市场不同的观点。他认为，在双边市场上制定正确的价格是一件很难的事情。因此，他主张政府在判断双边市场企业滥用市场支配力、串通、不公平交易等行为的不正当性或违法性时，应该适用不同于单边市场的另一种尺度。这就是梯若尔获得诺贝尔奖的原动力。对此，瑞典诺奖委员会做了如下的评价：

"梯若尔很好地解释了在规制市场垄断方面，哪些政策在特定条件下运行良好，而在其他条件下会暴露出缺点的问题。他在理论上证明了一般性的规制原则在有些条件下具有效果，而在另一种条件下却弊大于利的原理。"

在单边市场上有一种价格政策，规模较大的企业对商品制定低于边际成本的价格，他们用这个价格将竞争对手赶出市场，然后重新提高价格弥补损失。这种价格叫做"掠夺价格"。这个政策在双边市场上也适用吗？梯若尔为双边市场做了辩解，他认为双边市场上的低价政策并不是掠夺价格，而是企业为了利润最大化的正当的价格政策。梯若尔站在平台市场一侧，支持了平台市场。在双边市场上，两个群体中提供给某一方的价格可以低于边际成本或免费提供，甚至以补贴形式实施亏损的价格政策。因为利用网络效应，平台可以从另一方群体获得利益。

让我们再回到夜总会的例子上。假定夜总会在圣诞节那天邀请了长得像金雪炫[①]那样的美女，她当然可以免费进入夜总会。美女驾到，男人们便会蜂拥而至，于是夜总会老板借此机会狠狠地赚了一笔。那么，问题来了，我们能不能因这家夜总会将其他店的顾客都吸引到自己一家店而认定这家店是规制对象呢？根据梯若尔的双边市场理论，企业给消费者免费提供服务，也可以获得巨额利润。由于没有从顾客身上搜刮一分钱，因此，在价格层面上不存在市场主体滥用市场支配权的行为。但是，由于梯若尔在自己的论文中没有明确揭示如何规制双边市场上存在的市场支配行为，因此给学界留下了争论的余地。

双边市场上的企业可以采取多样化战略。梯若尔主张，政府在规制垄断时，也不应该采取"一刀切"的政策，不如根据市场多样化的特点实施差别化政策。有些市场主体为防止新的企业进入市场会筑起进入壁垒。如果不是谷歌筑起进入壁垒防止新的企业自由进入谷歌支配的市场抢占其市场占有率，监管当局又怎么会规制谷歌呢？总不能眼看着消费者的选择权受到限制却置之不理吧？

梯若尔之后也有很多经济学家和经营学家开始对双边市场和平台启动方式

[①] 金雪炫：韩文名김설현，韩国著名女歌手、演员，韩国女子演唱组合AOA成员。——译者注

进行研究。我们期待能尽早出现有关反垄断的新观点和科学的研究结果。在此之前，韩国经济是以电子、造船、汽车等传统制造业为基础而发展的。眼下，世界经济已经抛开对双边市场规制的争论，正在以平台为基础快速重组。平台业务的影响力已经到了威胁传统制造业的地步。现在需要我们注意的是，我们能否积极应对正在发生变化的游戏规则。人们常说，韩国的大企业很难转变为平台业务模式。也就是说，将传统大企业的传统机制转变为平台机制是一件很难做到的事情。然而，我认为，大企业与中小企业的合作是完全有可能的。正因如此，具有成功的平台模式的风险企业或初创企业与大企业的合作变得越来越重要。希望善于创新的中小企业与能够接触世界市场的大企业合作，创造出更好的平台业务模式。

[人工智能能否实现人类伟大的逃脱]

安格斯·迪顿的创新与不平等争论

安格斯·迪顿（Angus S. Deaton，1945.10— ）

安格斯·迪顿是英国微观经济学家，致力于消费者行为分析、贫困问题等的研究。他研究个别家庭的食物消费量或居住环境及消费行为，提出了需求分析框架结构。安格斯·迪顿是将经济学家们的目光从宏观经济指标成功地转移到单个家庭的经济学家。他开发的贫困与福祉水平测定标准在国际上广为应用。安格斯·迪顿以微观数据为基础的实证研究成果使经济学得到进一步的发展，因此获得了2015年诺贝尔经济学奖。安格斯·迪顿现任美国普林斯顿大学教授。

机器人取代人类的社会真的是幸福的社会？

"我们所期待的东西远超出我们祖先们的想象。但我们付出的代价则是永远都挥之不去的焦虑——我们永远都不能安于现状，永远都有尚未企及的梦想。"

这是英国作家阿兰·德波顿（Alain de Botton）对"焦虑"一词的解释中最为贴切的一句话。产业革命以后，人类怀揣着不追求、不发展便没有出路的焦虑情绪，在发展的道路上快马加鞭。资本主义为了完善自我，不断发展技术，人类的生活也因此得到了极大的改善。可我们为什么比任何时候还要为未来感到焦虑，对未来缺乏信心呢？有人说那是因为很多人担心随着技术的进步，急剧发展的数字革命会夺走自己的工作岗位。想想因赶超人类能力的人工智能（AI）和机器人的出现，劳动生产率大幅提高，每周只工作4小时的生活。这样的生活会给我们带来什么样的后果呢？

美国特斯拉汽车公司（Tesla Motors）创始人埃隆·马斯克（Elon R. Musk）在创建非营利组织"开放型智能库"（OpenAI）时说过这样一句话：

"我们的目标是开发有利于整个人类的数字智能，而不是为了赚钱。此前的人工智能研究无异于招来恶魔,我们最忧虑的是有一天开发出脱离人类控制的技术。人类应该致力于开发能弥补自身不足的技术,而不是开发取代自身的技术。"

人工智能是谷歌、国际商业机器公司(IBM)、苹果、脸书等全球顶尖的信息技术企业最用功的领域之一。然而,天才物理学家史蒂芬·霍金(Stephen W. Hawking)在2014年发表了令人毛骨悚然的警告称:人工智能的开发有可能导致人类的末日。世界经济论坛(WEF,又被称为"达沃斯论坛")也在2016年的一篇报告中指出,因机器人的发展,到2020年将有15个发达国家和发展中国家失去500万个就业岗位的呼声。然而,在数字经济时代,根据人工智能的不同用法,就业岗位有可能会减少,也有可能会增加。当围棋天才李世石[①]败给谷歌制造的电脑"阿尔法围棋"(AlphaGo)时,韩国舆论就沸腾了,说人工智能已经具备超越人类的能力,机器已经开始侵犯人类固有领域——智力劳动世界。如果机器超越人类,而人类寿命又越来越长,那么变得无所事事的人类该怎么打发这漫长的时间呢?

有人说这只不过是一场人与机器的围棋赛罢了,没必要过度解读。然而,看到那些具备强大功能和庞大信息量的人工智能战胜人类的情景,作为人类谁不会感到惊讶呢?夸赞人工智能的人们反对人工智能的发展会减少人类就业岗位的主张。如果说技术发展导致就业前景变得黯淡的说法是正确的,那么早在产业革命时期就应该控制机器的发展。从历史上看,在垄断领域的确发生过短期失业现象,但从整个社会发展历程来看,技术创新还是带来了更多新的就业岗位。人工智能拥护者主张,机器人虽然可能代替部分非熟练劳动工种,可还是能够起到提高劳动生产力、为其他劳动者创造新的就业岗位的作用。由此,他们认为,机器人从整体上减少就业岗位的说法是没有根据的。这样的主张多少能给人们一丝心理安慰。

---

① 李世石:韩文名이세돌,韩国职业围棋手,同时是世界顶级围棋手。——译者注

与机器人争夺就业岗位会成为现实？

尽管如此，有关人工智能和自动化的发展与过去的技术创新之间存在着本质上的区别的主张，听起来还是很有说服力的。然而，更令我们害怕的是人工智能对未来雇佣市场会产生非常恐怖的影响力的主张。据牛津大学研究小组预测，47%的现有职业种类将会消失，而花旗集团则更是警告人们，将来有可能被机器人所代替的就业岗位占比，英国为35%，美国为47%，经合组织成员国平均为57%，中国则高达77%。但事实真的会变成这样吗？这种主张刚刚提出来的时候有不少人相信，可现在基本上没人相信。我们在过去也曾经历过因技术发展所带来的焦虑，这种焦虑可追溯到机器开始代替人类工作的产业革命时期。还有20世纪90年代，随着电脑的开发，整个世界历经了前所未有的大变革。尽管电脑的普及导致人类失去了很多就业岗位，然而，电脑技术的发展同时又给我们创造了更多的就业岗位，出现了工程学和与电脑相关的新的职业种类，也出现了能够操作大型机器的专家。并且，随着网络越来越发达，新闻出版界也能够出版发行包括报刊杂志在内的更多的出版物。总之，自动化创造出了更多我们未曾认知的就业岗位。

现在，让我们一起到法国巴黎的机器人企业毕宿五机器人公司（Aldebaran

Robotics）去，看看身高只有58cm的机器人那伍（NAO）吧。长得十分可爱的那伍能听懂我们人类的语言，在英国这种机器人甚至成为孩子们的小伙伴，能为自闭症儿童提供治疗，日本很多银行还把它们用作银行客服。看到那伍能够成为不愿意与人交流的自闭症儿童的好朋友，有人认为这个机器人比那些爱嫉妒、爱攀比、爱发牢骚的人更具人性。对雇主来说，没有理由不使用一天可以做24小时工作、比人类更听话、不会组成工会、生产效率高的机器人。如果韩国的主导产业像电子、汽车、造船等领域也用机器人来代替工人，至今还为工作岗位而呻吟的人们会是什么样的感受呢？我们无法消除因对未来的不确定而产生的不祥预感。

最近，随着机器人引进费用降低，世界范围内用机器人代替人类的倾向越来越强。据波士顿咨询集团分析，如果韩国通过机器人实现全面自动化，到2025年可减少33%的劳动力成本。而2016年经合组织发行的《自动化条件下经合组织成员国之间就业风险比较分析》（The risk of automation for jobs in OECD countries: A comparative analysis）却提出了相反的结论，即在自动化条件下，韩国虽然有9%的就业岗位受到自动化的威胁，但与别的会员国相比，风险程度并不高。经合组织以这个结论为依据，认为韩国虽然实现自动化程度的比率较低，但整体学历水平较高，因此受自动化影响大的工作岗位的数量较发达国家还是要少得多。

不管怎么说，因机器人、人工智能、3D打印机、大数据、纳米制造业、无人汽车、无人机等层出不穷的新技术，劳动力被机器代替的"技术失业恐惧症"像海啸一样汹涌而至是不争的事实。我们已经目睹了就业岗位因技术发达而消失的现象。越是业务性质比较定型且操作上简单反复的职业和熟练职业，则越有可能被机器人和人工智能所替代。这些部门雇佣比重较大、工资水平较高，因此，引入人工智能就可以大幅提高经济效益。不仅如此，就连待遇不菲的金融咨询也被划入风险职业。精于运算技术并采用大数据算法的机器人还可能取代律师、会计师、医师等专业性强的职业。

创新带来的发展与令人不适的焦虑

2015年诺贝尔经济学奖获奖者安格斯·迪顿说了这样一句话："纵观历史，新的创新往往会产生新的不平等。"

苹果公司推出了很多使我们的生活更加滋润的产品，公司本身也因此成为世界上市值最高的公司。迪顿评价这是一种好的不平等。他认为，创新就是创造性的破坏，而创造性的破坏必然导致新的不平等。这种现象过去发生过，将来还会发生，是一种不以人们的意志为转移的现象。

下面我们听听迪顿讲的一段话：

"苹果公司向世界推出了无数让我们的生活更加滋润的产品。有了苹果，我们可以与在另外一个国家的孙子们对话，还能看到孩子们的照片。这给我们带来了无尽的快乐。通过苹果，我们还能收看、收听全世界的书籍和音乐。这不能不说是一件十分惬意的事情。"

迪顿虽然以如此肯定的语气描述了现代文明，可他没有忘记讲述由现代文明引发的不平等及其阴暗面。他说，长期如此下去，我们有可能迎来只有几个富人获利的金钱政治统治的世道，而具有竞争力的少数富裕阶层统治的世界定会带来大多数人的不平等。迪顿说，我们应当抛弃无视世界发展的肯定的一面、将视线只放在不平等一面的狭隘的极左观点，和为了维持既得利益不惜放弃对不平等的争论的极右观点。也就是说，我们应该改变看待现在这个世界的不平等观点，只有用客观的眼光看待这个世界，才能看到更美好的世界。

"如果说我们走过来的20世纪70年代的美国梦是一场海市蜃楼的话，那么，要想让世界变得更美好，国家应该把为国民构筑一道安全网放到自己的议事日程上。"

如果机器人和人工智能真的像迪顿所说，以与过去不同的方式威胁着我们的工作岗位，政府和社会必须齐心协力采取相应的对策。我们应该对与机器人和人工智能协作的行业增加教育投资，以缓解自动化和人工智能给工作岗位产生的影响。我们可以从芬兰的例子中吸取教训。

芬兰作为北欧高福利国家之一，其经济自从2012年开始出现负增长。对此，疲惫不堪的国民提出经济审判论，将政界新人、IT富翁出身的芬兰中间党尤哈·西比莱（Juha Sipila）选为总理。芬兰经济走下坡路的原因主要在于支柱产业的发展萎缩——苹果手机的出现使诺基亚（Nokia）在新市场的处境变得艰难并开始没落，而诺基亚的没落又直接影响了芬兰经济。诺基亚产值在芬兰经济中曾占相当大的比重，直到2007年，诺基亚产值仍占芬兰经济增长的25%以上，同时，诺基亚的研发支出占全国的30%，创造了1/5的出口、23%的企业税收。2013年，诺基亚手机部门被微软收购。芬兰是一个重视企业的国家，支柱企业的没落，使芬兰经济迅速恶化，失业率超过10%。

芬兰经济变得如此艰难，除了诺基亚的衰落以外，还可以从对外依赖型的经济结构上找到原因。随着移动设备技术的发达，全球纸张消费量越来越少，芬兰的主要产业造纸业也日益萎缩，结果是IT产业和森林产业这两个芬兰的支柱产业崩溃了。苹果打败了诺基亚，平板电脑减少了人们对纸张的需求，从而导致了芬兰森林业的衰退。芬兰前总理亚历山大·斯图布（Alexander Stubb）为此曾埋怨史蒂夫·乔布斯的轶事至今还广为流传。从诺基亚的没落中，人们看到了芬兰对特定企业的经济偏重、以出口为主的产业结构、过高的能源对外依存度、急剧的老龄化等弊端。芬兰的这些弊端引起了韩国经济学家的高度重视。然而，芬兰并没有因此一蹶不振，诺基亚的没落反倒成为引发芬兰创业热潮的契机。诺基亚的没落使芬兰增强了IT产业领域的紧迫意识和危机意识。

诺基亚没落之后，芬兰如何再创辉煌？

2010年，赫尔辛基理工大学、赫尔辛基经济大学、赫尔辛基艺术设计学院合并，成立了阿尔托大学。考虑到创意的重要性，他们在设计工厂、媒体工厂、服务工厂、健身工厂等四个合作空间让学生们紧密协作，进行新的研究，开发新的教育方法。例如，在设计工厂，学生、教授和企业家一起在共同平台上开发值得创业的项目并制造试制品，他们以饱满的创业热情每天进行一两个小时的讲座或讨论。企业老板和管理人员以创业领头人的身份亲自参与，和学生们一同构思创意，为建立初创企业创造环境。有时他们与学生共同分享创业失败、创意构思失败的教训，帮助学生为自己的创业积累经验。阿尔托大学将人口老龄化、全球气候变化、适应数字化时代的健身系统改革、二氧化碳零排放、劳动力的未来（中产阶层为应对雇佣困境而采取的对策）等社会问题定为研究课题。芬兰政府认为，就业岗位问题与产业生态链紧密相连，如果没有创新和企业家精神的支撑，就业问题是很难解决的，为此，他们强调应该通过政府和产学研的协作来构建支撑这一问题的基础架构。

诺基亚衰落后的部分市场空白后来由"愤怒的小鸟"的游戏软件来填补了。其次是芬兰的可穿戴设备（Wearable Device）产业正在摩拳擦掌、跃跃欲试。

初创企业热潮席卷全球的2016年，诺基亚以网络设备代替手机重新回到芬兰。诺基亚宣布布局新一代通信网络和物联网、云计算［Clouding Computing，单个服务器转移到大规模电脑集合体（云）的形式］，通过"刮骨疗伤"似的结构调整、缜密的战略以及战略性并购，诺基亚在通信装备领域重新夺回第一的位置。品尝失败的痛苦之后，他们吸取了更多的教训。

那么，在人工智能时代，我们该做好哪些准备呢？1997年，国际象棋世界冠军加里·卡斯帕罗夫（Garri Kasparov）收到了国际商业机器公司（IBM）所属的名叫"深蓝"（Deep Blue）的电脑发出的比赛挑战书。尽管卡斯帕罗夫信心十足地说"任何一个电脑都赢不了我"，但最终他还是败给了"深蓝"。19年后的2016年，谷歌的"阿尔法围棋"在与韩国的九段围棋天才李世石[①]的大奖赛中获得了冠军。通过李世石与"阿尔法围棋"的对决，谷歌取得了巨大的宣传效果，也获得了巨大的经济利益。在这里我们有必要思考以下问题。安格斯·迪顿主张，尽管经济发展在消除人类贫困和疾病的同时产生了不平等，但资本主义正是以这种不平等为基础发展起来的。但是他又认为，过度的不平等不利于人类发展，因此，为了促进福祉、减少贫困，在制定经济政策时必须注重个人的消费选择。迪顿把经济的持续发展看成人类摆脱贫困的伟大的逃脱，强调目前经济发展中这一最重要、最伟大的逃脱力量来自创新。就像迪顿说的那样，要想使人工智能成为伟大的逃脱力量，实现人类的无限进步，我们必须具备"创新的香气"。

英国《金融时报》（*Financial Times*）认为，人工智能虽然有助于应对气候变化、防治疾病以及节省劳动力，从而使我们的生活变得丰富，可它还有可能引发基因工程提出的伦理道德问题，因此，要认清人工智能的危险性。也有

---

① 李世石：韩文名이세돌，韩国职业围棋手，世界顶级围棋手。

人担心人工智能会带来科幻电影中机器控制人类的反乌托邦世界。机器人的英文名是"Robot",源自捷克语的"奴隶"一词。奴隶反过来站在主人的头上作威作福,这不是岂有此理吗?就像制定禁止核开发的伦理规定一样,在人工智能的开发问题上也有必要制定相应的限制规定。

  人工智能到底能不能具备模仿人类判断复杂情况的能力,也是值得商榷的问题。人类在发生交通事故的一瞬间能做出尽量减少事故损失的决定,或者通过价值判断做出救人的决定。即使开发无人驾驶汽车技术,那种技术本身也不可能具备有关价值取向的思维。所以说,在人工智能时代制定有关道德问题的法律、制度层面上的应对措施显然不是一件容易的事情。技术开发企业在开发技术的同时,还要深入研究将来有可能发生的伦理道德方面的问题。为了防止人类价值取向遭到破坏,也为了防止人类的尊严受到伤害,我们必须时刻牢记人工智能技术的开发目的及其用途。

  围绕人类和机器人开展的有关就业岗位的争论仍在继续。就在人们围绕可替代行业争论不休的时候,电脑已经渗透到与记忆相关的智能领域。有人认为,除了只有人类才能做到的、需要精细技巧或能力的创造性的工作岗位以外,未来劳动力的涉足范围十分模糊。这种主张不无道理,但也有一些反对意见。人工智能归根到底还是人类智能的延伸。机器毕竟是机器,机器要工作还得靠人类来操作。机器人是人类模仿自身的行为而制造的,电子模拟神经网络也并不是完美的,出现真正意义上的自动机器,至少还需要几十年的时间。也就是说,机器人和机器只能在人类编程的范围内运转。

  机器人技术并不能完全渗透效率性领域。产业每年需要消耗几百万美元来发展机器人技术,而机器人的老化速度又比人类快得多。人类从20岁起,可以劳动40年以上,可机器的磨损和更新周期要比人类快得多。还有,自动化系统里始终隐藏着网络安全威胁。由于网络空间收集到的信息一旦落入别人手里就可能导致致命的结果，因此，开发商不可能将所有的东西都依赖于网络空间。换句话说，人类被机器代替的担心是多余的，我们可以打消这种忧虑。

如果自动化和机器人技术不能给社会带来均等的利益，而只是给那些老板、股东、高级熟练技术员等特定阶层带来财富，这个社会会发生什么样的变化呢？大部分人是不是会因不情愿的休假和低工资而倍感痛苦，随着新型工作岗位的出现而失去工作的人，还能否轻易找到新的工作岗位？瑞士曾经举行过针对与劳动能力无关、人人都能享受同一额度基本收入这一提案的国民投票，然而，当局以财政困难为由否定了投票结果。想必有关这一方面的争论还会继续进行下去。

创建一个整体上减少劳动时间的社会，并为此完善相关政策措施才是关键的问题。如果不消除现有行业减少的地区和新型行业增加的地区之间的差异，不遏制收入不平等现象和其他社会不平等现象，尽管人工智能成为伟大的逃脱动力，可现实中还会出现迪顿所说的那种被多数人嫌弃的不平等。即使这种不平等以创新的名义出现，但一旦走上挫伤人类感性的方向，就会使人类变得不幸。我们不能让机器人成为像电影中那样就连爱情行为也都能代替的假想人类。冰冷的人工皮肤怎么能与人类温暖的皮肤相比较呢？

[重要的不是拥有什么，而是怎么做]
罗伯特·索洛的经济增长论

罗伯特·索洛（Robert M. Solow, 1924.8—）

　　罗伯特·索洛是个 16 岁进入哈佛大学的神童，24 岁时在哥伦比亚大学获得博士学位，25 岁担任麻省理工学院教授。1956 年，发表《对经济增长理论的一个贡献》（*A Contribution to the Theory of Economic Growth*），提出了新古典派经济增长理论。英国经济学家罗伊·哈罗德（Roy F. Harrod）继凯恩斯之后发表了经济增长模型，但因对劳动与资本不可替代性等多项假定过于拘谨，所以未能受到学界的关注。索洛的增长模型依据马尔萨斯、李嘉图、约翰·穆勒（John S. Mill）的收益递减规律，以劳动和资本可以代替为前提，揭示了技术进步的重要性。1987 年，索洛以研究经济增长理论的贡献获得了诺贝尔经济学奖。此后 40 年间与保罗·萨缪尔森一起积累了丰富的研究成果。

被雾霾掩盖的致命危险

有一个国家,每年经济增长规模相当于拥有 2 亿 5 千多万人口的印度尼西亚,这个国家就是中国。为了安全运行,就连小小的帆船在转弯时都在小心翼翼行驶,何况中国这个巨大的"航空母舰"?持续高速增长的中国突然来一个急刹车转入中速增长阶段[1]。自全球金融危机之后,他们大胆淘汰低效率产业,将政策导向扭转到结构改革的方向,从以出口和投资为主的经济模式改为减少投资比重、扩大内需,这成为中国经济的新常态。

直到 2016 年,国家负债在 GDP 中占比最高的国家是日本,可单就企业领域而言,中国的负债率更令人感到惊讶。国际清算银行(Bank for International Settlements, BIS)认为,新兴国家企业发行的企业债券中,有一半是中国企业发行的。世界经济之所以对中国经济那么敏感,就是担心中国经济增长放缓和债券空洞化。认识到这种危险因素,中国政府并没有人为地刺激需求,而是采取了控制过度供给的政策。为此,中国政府将以消除国有企业不良资产为目标,通过并购加快结构调整步伐,通过提高企业生产率谋求经济增长。目前,

---

[1] 中国在 2000—2010 年间,GDP 增长率为 8%—14%。从 2011 年到 2021 年,GDP 增长率基本保持在 5%—9% 之间。

中国致力于提高制造业的技术含量，培育服务产业，以高附加价值产业打开资金短缺的局面。其间，对因过度投资造成物资供应过剩从而被认定为入不敷出、低效率领域的钢铁、煤炭产业，中国政府进行了坚决的结构调整。

我们暂且不提雾霾，想象一下坐在凯悦饭店的空中旋转厅观赏五彩斑斓的上海夜景的情景。

近看东方明珠塔和上海环球金融中心大厦，比任何一座城市的夜景都华丽迷人，实在令人叹为观止。透过观赏美丽夜景的人群，透过灯火辉煌、富丽堂皇的建筑物，缓缓游动在蜿蜒曲折的黄浦江水面上的游艇映入眼帘。一手举着伏特加，朝窗外望去，只见经济学家索洛面带微笑，悠然地坐在阳台上。我们怀着兴奋的心情走到他的身边。他跟我们说道：

"在这里我似乎同时感受到被雾霾掩盖下的环境问题和悠然漂流的增长的香气。"

世界正在关注中国经济能否像悠然漂流在黄浦江上的游艇一样，稳稳当当地发展下去。韩国也是继智利和中国台湾之后深受中国经济影响的国家。因为目前韩国出口贸易的 25% 依赖于中国。

索洛以 1956 年撰写的论文《对经济增长理论的一个贡献》创立经济增长理论，并以此获得了 1987 年诺贝尔经济学奖。有人问他 30 多年前发表的论文为什么那么晚才获得诺贝尔奖，索洛幽默地回答道：

"可不是嘛。我的字写得很糟糕，也许他们认我的字花了很长时间。"

索洛并没有把消费看作经济发展的基础，相反把它看成降低收入水平的因素。他认为对经济发展来说，增加储蓄、积累资本比刺激消费更重要。在世界经济持续低增长的时候，中国的增长也趋于放缓，于是依赖于世界经济尤其是中国经济发展的发展中国家，同时也因油价和原材料价格的下降而摇摆不定。

在全球性消费不足的情况下,索洛主张将重点放在提高生产率和增加供给之上,对此,也有人认为索洛的理论具有一定的局限性,内容上也没有突破古典经济学。这么说,索洛的经济增长理论已经失效了吗?

过度的积累与投资也会导致危险？

索洛认为，劳动力、资本、技术创新决定经济增长。他认为，如果劳动力和技术水平在短期内是一定的，那么经济增长取决于资本是否增加。中国的快速增长也是在改革开放后随着资本的增加而得以实现的。中国十分忠实地履行了索洛的经济增长理论。过去30年间，随着中国经济的惊人发展，国民的储蓄也直线上升了。结果大量的国民储蓄转为资本，投入到各个生产领域。然而，随着世界经济的衰退，中国经济也面临过度投资的窘境。很多企业偿还利息之后便一无所有，企业领域的高额负债和很有可能出现的房地产泡沫也成了危险因素。为此，中国政府提出"应该对过度储蓄和过度投资模式进行大转换"的口号，将经济送上了"手术台"。中国将进行"刮骨疗法"，切除腐烂的伤口，让其生出新肉。于是，从2015年开始，对过分投资领域的结构调整成为中国的热点话题。

如此说来，我们该抛弃索洛强调资本重要性的经济增长理论？也不尽然。全球劳动生产率降低的主要原因之一就是投资减少。而中国经济放缓的原因却与之相反，是投资过度。所以说，以增加投资带动经济增长的说法是有一定局限性的。索洛也承认，一定程度上成熟的经济中仅靠资本积累实现经济增长是有限度的，技术进步越快，经济增长就越稳定。此外，他也没有忽略决定劳动力规模的人口的重要性。

对过去中国经济的快速发展，很难断定其是由国民储蓄形成的投资，还是由农村流入城市的廉价劳动力推动的。那么，在没有劳动力和投资增加的情况下，又如何实现经济增长率的提高呢？依靠劳动生产率的提高。作为衡量劳动力和资本两个生产要素会对生产率产生多大影响的评价标准，有劳动生产率和资本生产率两个概念。还有一个与之相区分的概念，那就是投入全部生产要素时，表示生产率变化的测定标准——全要素生产率。所谓生产率，是如何有效地组合各生产要素实现最佳生产状态的概念。全要素生产率在狭义上单指由技术进步带来的生产率的提高，可在广义上，除了技术进步以外，还包括经营创新、劳资关系改善、机器设备的改善、劳动力质量改善等因素。

现在我们再查看一下包括技术进步在内的全要素生产率的提高确实给中国经济发展做出贡献的证据。改革开放以后，中国的全要素生产率年均提高4%左右。从1978年至1994年，中国GDP年均增长9.9%，在此期间全要素生产率也至少提高3%。就连日本在全盛时期其全要素生产率也未曾超过中国的水平。在中国，全要素生产率对GDP增长的贡献率高达35%—40%，实现了令人瞩目的快速增长。这个贡献率远高于号称"亚洲四小龙"的中国香港地区、新加坡、韩国、中国台湾地区的20%—30%的增长率。"亚洲四小龙"的共同点是，它们都沿用了依赖于劳动力和资本规模的要素投入型模式。虽然远低于技术创新型的美国的80%，但把中国的发展归结于要素投入型经济模式的观点还是错误的。在美国GDP年均增长2%—3%的时候，中国的增长率达到了两位数。这一点也说明，中国经济仅靠生产要素的投入而发展起来的观点显然是谬论。韩国一家民间研究组织也认为，中国的全要素生产率年均提高率比韩国高1%以上。尽管目前的中国经济不能实现像过去那样快速发展，但也没有理由为此悲观。

要素投入型经济的发展界限

假定索洛仍然主张贫困国家只要积极储蓄、积累资本，也可以赶上富裕国家。对此，一定会有人大声斥责："一派胡言乱语。"也有人会提议立刻把索洛以散布奇谈怪论为由送上法庭，理由是"尽管联合国早在1971年提出最贫国概念，可贫困国家至今仍然挣扎在贫困线上"。不妨让我们先静下心来，耐心听听索洛的"辩解"。

索洛主张每个劳动者积累的资本越多，随着生产率的提高，人均国民收入也越高。他坚信热衷于储蓄和投资的国家都可以走上富国之路。正因为如此，人们都说索洛的身上散发着节约和储蓄美德的"古典经济学的香气"。索洛意识到，劳动者储备机器或设备等资本材料越多，生产率就越高，可这个生产率超过一定的水平之后就达到极限。如果徒手折断树木的人手中拥有一把钢锯，那么他的劳动生产率就会大大提高。从中受到鼓舞，那个人拿来好几把钢锯轮番锯树，然而，劳动生产率并没有突破使用第一把锯时的程度。考虑到有限的时间和肉体上的疲劳，这是理所当然的事情。如果有很多人帮忙，或者使用更先进的电锯，情况也许会不同，然而，即使一个人拥有的钢锯数量再增加，劳动生产率也不会因此提高。这种现象，经济学里叫做"边际生产率递减效应"。

一般来说，缺乏资本的穷国，边际生产率普遍较高；资本富足的富国，边际生产率普遍较低。索洛主张，这种情况下资本就可以完全自由流动，于是发达国家的资本为寻找更高的生产率转移到落后国家，发达国家和落后国家的经济差距也就随之缩小。索洛相信经济增长的绝对收敛性，认为后起之秀也能赶上一马当先者，他赞赏"用人类的汗水创造的乐观果实的香气"。然而，索洛的这个观点最近不太适合现实情况，于是有些人指出索洛理论的局限性。过去，一些国家靠中国经济的快速增长促进了本国制造业的发展。随着城镇化进程的加速，新兴发展中国家吸收农村闲散劳动力的条件也成熟了，可是因科学技术的发展，制造业部门的雇佣人数越来越少，雪上加霜的是，随着高科技产业的发展，这样的倾向越来越严重。世界银行（The World Bank）认为，目前的状况与过去不同，发展中国家以制造业的快速发展追赶发达国家的愿望越来越难以实现。除了中国以外，其他发展中国家要想追赶美国的人均国民收入水平，不知还需要多长时间。这里，我们还要考虑发达国家日益扩大的规模经济和新技术水平、因知识水平的提高而发生的成本减少效果等因素。在发达国家和落后国家之间的技术差距日益拉大的情况下，落后国家应该把赌注下在提高全要素生产率之上。

坐在阳台上的索洛留下这么一句话便起身了：

"人们好像对我有误会。比起拥有什么，重要的是用你所拥有的东西做什么。要知道，左右财富、生产力及竞争力的关键因素还是知识。如果劳动力和资本设备的扩充能产生20%的效益，那么提高劳动力的教育水平则可以产生30%的效益，技术创新和专利的增加能产生50%的效益。也就是说，经济发展中80%的效益是由看不见的因素创造的。我想这是最关键的一点。"

索洛离开了，阳台上又出现了同样获得诺贝尔奖的保罗·克鲁格曼。克鲁格曼是猛烈批判亚洲经济发展是依靠资本要素的投入得来短期效果的经济学家。在韩国、中国台湾地区、新加坡、中国香港地区等"亚洲四小龙"乘胜进军的20世纪90年代初,克鲁格曼撰写了一篇论文《亚洲经济奇迹的神话》(*The Myth of Asia's Mircle*)。他在论文中用"宴会即将结束"这句话,向政府主导型的亚洲发展模式泼了冷水。克鲁格曼认为,资本或劳动力等要素投入型经济一旦发展到临界点,经济便会停滞不前。当时,韩国是世界上史无前例的高储蓄、高投入国家,劳动力也呈现爆发性的增长趋势。直到20世纪60年代初,韩国劳动力大部分仍在从事农业生产,而农村生产率又几乎等于零,因此,整个劳动力的40%—50%处于失业状态。然而,进入20世纪90年代,失业率达到接近完全就业的2.5%,出现了无劳动力可再投入的情况。直到20世纪90年代,韩国经济增长的80%是靠大量的要素投入实现的,只有20%是靠提高生产率实现的。与之相比,发达国家三分之二的经济增长是通过提高生产率实现的。克鲁格曼主张,韩国也必须走向靠提高生产率实现经济增长的道路。尽管亚洲取得了辉煌的经济发展,可克鲁格曼还是指出,亚洲生产率的提高水平与南美国家基本差不多,并在1997年亚洲金融危机爆发之前就预言亚洲有可能发生一场经济危机。

靠提高生产率实现经济增长，现在还可行吗？

生产率的提高，除了要素投入以外，还取决于扎实的科学技术、优质教育、国民的信任等各种因素。任何一个因素都不是短期内就能得到的。夜深了，我们盼望克鲁格曼离开的地方能再出现一位提起经济增长就人人皆知的经济学家。我们在窗外果然看到了保罗·罗默（Paul Romer）的身影。他是经常出现在诺贝尔经济学奖入围名单上的纽约大学斯特恩商学院的教授。

罗默对韩国经济谏言：

"仅凭降低利息或增加政府财政支出来促进经济增长是有限的。由于韩国的人口增长目前处于停滞状态，因此，韩国很难实现3%—4%的经济增长率。能否促进新技术和新一轮的创新是关键。对韩国来说，改革教育体系，致力于开发创意等技术进步才是实现经济增长的关键。美国自1860年开始就创建了不同于以学问为主的欧式大学理念的、培育真正解决问题能力的大学。政府向他们无偿提供了土地。麻省理工学院和普渡大学就是其中之一。直到19世纪，在世界制药领域称王称霸的还是英国和德国，可在麻省理工学院新设立化工专业之后，美国在这一领域超越了英国和德国。因此在工程领域集中投放国家补贴,应用和发展现有技术的战略,在韩国也是有效的。"

传统经济理论关心的机器、土地等有形资源,会随着时间的流逝而减少,因此必须以不断的发明和技术开发来创造价值。这就是罗默新增长理论的核心。民营企业通过开发创意及创意的产品化从市场得到回报。这就可能引发矛盾,如果一种创意不能马上实现产品化或不能与利益挂钩,就被当成无用之物打入冷宫?罗默认为这是不稳妥的方法,应通过大学开发创意并把它投放到社会,成为社会共享产物,从而有效地利用这些创意。罗默认为在这个过程中,政府补贴的作用比什么都重要。比起政府出台的那些指导方针,罗默更注重企业自身通过竞争开发新技术。罗默把韩国、中国、日本的经济增长断定为追赶型增长,指出这种增长具有很大的局限性,他还强调,必须通过提高劳动者的技术熟练程度和对新兴产业的劳动力重组、有效的城市开发政策来实现经济增长,只有成为新技术的先导者才能保证经济增长的持续性。罗默解决了索洛没有将技术进步纳入自己的经济模型中的问题。由于罗默用纳入技术进步的经济模型解释了经济增长理论,因此,罗默的模型受到了更高的评价。

沉醉在夜景中,我们不禁再次想起了索洛。1987年,索洛在一篇文章中主张"各个领域都在承认世界已经进入电脑时代,可只有生产率统计不承认这一点"。被称为"索洛的生产率悖论"的这种现象是不是事实呢?如果是,为什么那么多人热衷于信息与通信技术和制造业的大融合呢? 20世纪90年代,众多企业在信息与通信技术上投入了大量的资金,但并没有出现像产业革命带来的成果那样的创新性结果。如果是经营状况不好的企业,向信息与通信技术投入再多的资金,也会因低质量的设计和管理很难提高生产率。即使提高了,因为在设计和管理上花费时间较多,其结果也会出现得晚一些。除了这些因素以外,还有没有别的因素呢?企业广泛引入信息与通信技术系统,企业内部定会出现心神不宁的职员。为了提高效率,企业必须考虑内部的人际关系。否则会遇到内部职员的反抗。管理者们应该通过沟通和协作，消除工程师们对计算机集中管理系统有可能剥夺他们业务的忧虑。

由此看来，通过信息与通信技术提高生产率既不是理所当然的，也不是即刻就能实现的。生产率的提高，不仅取决于新技术的引进，还取决于企业内部的价值观、报酬机制、经营者能力、领导能力、知识水平等多种因素的影响。尽管还存在着异议，但是同意包括电脑在内的信息与通信技术对生产率的提高做出重大贡献的经济学家更多。有分析认为，20世纪90年代后期，美国非农业部门一半以上的年劳动生产率是靠信息与通信技术提高的。据英国华威大学的尼古拉斯·克拉夫兹教授（Nicholas Crafts）等人的分析资料，对多数国家和企业进行对比的结果发现，与机器人相对的自动化和信息与通信技术对劳动生产率的提高和经济增长产生的影响是相当大的。从标志产业革命开始的蒸汽机，到机器人和信息与通信技术，对提高劳动生产率的年均贡献率依次为信息与通信技术0.6%、机器人0.36%、蒸汽机0.34%。机器人对年均劳动生产率的提高所做出贡献的比重是16%。面对第四次产业革命的到来，人们关注的不是信息与通信技术对生产率的提高有没有贡献的问题，而是贡献多少的问题。对信息与通信技术的投资不仅指对物理性的通信设备的投资，也意味着对经营管理和劳动力的投资。如何有效地利用研发投资固然重要，查找阻碍技术进步的因素也是不容忽视的问题。

在世界经济因低增长而缓慢向前的形势下，特斯拉汽车公司的埃隆·马斯克还在做将人类移送到火星的梦。别看马斯克现在是个世界级的革新人物，然而，在困难时期他也是每天靠一美元维持生活的拼命三郎。

"一美元生活并不是有人指使我做的。只有敢于断掉自己的后路才能找到摆脱困境的答案。多亏一美元的生活，我树立了不管在哪里只要横下一条心做好自己想做的事就可以成功的理念。"

在低增长的大环境下,我们的最大动力是索洛、罗默、马斯克等人出于对技术和教育欲望的创新热情。这就是目前成为热门话题的产业改革精神。信息与通信技术和制造业及服务业要紧密结合,积极创造高附加价值产业,这样提高的生产效率就会拉动工资收入的上升,工资收入的上升必然会拉动世界需求。因此,只有供给侧生产率的提高和引导需求的包容性增长有机地联系起来,才能保证经济增长的持续性。

[互联网与共有地的"两难困境"]
埃莉诺·奥斯特罗姆的共享资源管理

埃莉诺·奥斯特罗姆（Elinor Ostrom，1933.8—2012.6）

2009年，埃莉诺·奥斯特罗姆获得诺贝尔经济学奖。她是世界上首位获得诺贝尔经济学奖的女性。她曾从事过对非洲居民草场管理和尼泊尔西部当德瓦库里[1]地区的灌溉系统管理的研究。虽然有些计划未能取得成功，但她没有放弃如何制定管理自然资源、防止生态系统崩溃的各项制度的研究。奥斯特罗姆反对人与生态之间发生的搭便车问题只有国家或市场才能解决的观点，强调通过居民自治来解决共享资源问题。

---

[1] 当德瓦库里：Dang Deukhuri，尼泊尔蓝毗尼省首府。——编者注

阻止"共有地悲剧"的方法

"蓝蓝的天上飘着的白云，

碧绿的草原上牛羊成群……"

牧童在牧民共有的草原上哼着小曲放羊。起初，牧民们在共有草原上无忧无虑地放羊，过着丰衣足食的生活。有一天，一个贪心的人引进了更多的羊群来到这片草原上。不久，越来越多的人争先恐后地赶过来放自己的羊群。成群结队的羊肆无忌惮地啃食青草，草原很快荒废，牧民们望着光秃秃的草原流下了悲伤的泪水。"共有地悲剧"是1833年英国经济学家威廉·劳埃德（William F. Lloyd）提出的理论，后来通过美国加州大学生物学家加勒特·哈丁（Garrett Hardin）在1968年的《科学》（Science）中做了介绍才广为流传。哈丁的论文成了经济学家热议的话题。

利欲熏心的人把自己的羊群放在共有草地上让它们吃更多的草，而主张与自然共存的人却在极力保护共有草原，于是两者之间经常发生冲突。这是我们在共享资源领域常见的事情。公共财产因为没有特定的所有权，因此任何人都拥有对公共财产的使用权，于是就发生"搭便车"的问题。如果把地下资源、空气、水等公共财产任由市场经济来支配，由于人们的利己心，生活和消费会出现低效率，并产生不良的后果。这就是"共有地悲剧"。人们经常谈论的没有财源的福利公约，严格说来也属于浪费国库钱财的"共有地悲剧"。人们都不愿意纳税，可他们又都想最大限度享受出自税金的公路、医疗、治安等公共财产的优惠。既不想纳税，又想搭便车，这一类人多了之后最容易引发社会矛盾。

那么，有没有阻止"共有地悲剧"的方法呢？可以像英国的"圈地运动"（Enclosure Movement）那样没收共有地之后再分给居民，给居民赋予私人财产权，或者由国家统一掌握、统一管理。然而，对后一种方法有个女人投下了不赞成票。她就是获得2009年诺贝尔经济学奖的印第安纳大学政治学女教授奥斯特罗姆，她还是世界首位获得诺贝尔经济学奖的女性。奥斯特罗姆主张，只有非市场或非政府的当地居民或当地共同体掌管公有财产，才能有效地管理共有财产，防止共有财产的枯竭，既能避免"市场万能论"的危险，也可以预防政府非效率性的管控。

奥斯特罗姆的灵感来自何处呢？有一次她无意中观察到美国缅因州海岸的渔民们，他们因滥捕龙虾而面临资源枯竭危机。渔民们自行规定摆放鱼笼的标准和顺序，以此维护渔场资源的情景深深地打动了她。要想她的"自治理论"在现实世界中变得可能，需要具备哪些条件呢？首先，共同体成员之间的人际关系不能破裂，必须具备要想共生共存就必须制定自律制度并自觉遵守的信念，另外还需要有一个人站出来监视和规范当地居民的一举一动。奥斯特罗姆认为，要解决"共有地悲剧"问题，加强居民的共同体意识比官方处罚或制裁更重要。看看旨在谋求居民共同福利的"营农法人"[①]或"渔村契"[②]等韩国

[①] 营农法人：영농법인，韩国农村由五人以上的农民自发组成的农业经营组织。——译者注
[②] 渔村契：어촌계，韩国渔村自治协作组织。——译者注

民间自治组织，我们就能嗅到奥斯特罗姆哲学思想的一股香气。她所关注的共同体意识和纽带意识很像在我们的记忆中早已消失的故乡的香气，令人痛心。

事实上，解决共同体内部的问题并不那么容易。大部分村民共同体缺乏自治能力。奥斯特罗姆也曾通过斯里兰卡的灌溉开发事业分析了自治能力缺乏的原因。假定给一个村庄设置了供水的灌溉设施。在达成协议的过程中，农民内部出现了很多不同意见。农民们都很穷，他们对灌溉事业重要性的认识很局限，对自己的土地也没有什么感情。共同体成员之间还存在着种族、文化方面的异质性。由于村里的领导人腐败，还有可能在村民之间挑拨离间。因此，农耕区域要有明确的界线，违反规定时就采取监视、处罚等措施。在制定共同体规章制度的过程中，还要重视居民的民主参与。

奥斯特罗姆提出的方法在不同的国家产生了不同的效果，这是因为各国的文化不一样。在一个小小的村庄设置灌溉设施都难以达成协议，何况全球范围呢？能不能像奥斯特罗姆说的那样，将地球环境这一公共财产交给村镇自治还需要进一步商榷，我们以气候这一共享资源的使用和管理制度为例看一看碳排放问题。奥斯特罗姆认为，解决共享资源问题，"信任"这个社会资本比什么都重要。为保证二氧化碳排放权的执行，必须树立哪怕牺牲个别国家的短期利益，也要维护地球共同体长远利益的信念。目前我们是否具备应对气候变化的全球性治理能力呢？对这个问题我们应该有一个明确的答复。

有人推测，到 2030 年，互联网用户将达到世界人口的 80%。于是有人把互联网比喻成共有地。对我们来说，互联网世界是"共有地喜剧"呢，还是"共有地悲剧"呢？互联网在引进初期是以共享和开放为核心的。那么我们在互联网这个数字公有地里该种什么样的"数字树木"和"数字花草"呢？从 2001 年开始，在互联网上以共享人类知识为目标的维基百科已经超越闻名遐迩的

《大不列颠百科全书》,成为最具影响力的辞典。"电子图书馆""图书吧""公共数据门户"等数字平台遍地开花,在互联网世界里茁壮成长。如果奥斯特罗姆看到此景象,也会因为感觉不到"共有地悲剧"而高兴的。

我们把视野再扩大一点,去探讨一下最近的热门话题——共有经济。共有经济是 2008 年哈佛大学教授劳伦斯·莱西格(Lawrence Lessig)首次使用的词汇,指"通过交换、借用个人所有但不使用的物品、知识、经验、时间等有形和无形的资源,使交易参与者共同受益的经济活动方式"。自从智能手机普及以后,世界正迎来共有经济爆炸性增长的局面。为游客和房主提供共享空房软件的爱彼迎(Airbnb),和为出行的人提供车辆共享软件的优步(Uber)被认为是最具代表性的共有经济公司。然而,这些互联网 IT 企业到底是不是真正代替"共有地悲剧"创造"共有地喜剧"的、体现分享与关怀精神的企业,目前人们的评价不尽相同。

首先,将自己的剩余物品或服务与他人一起分享,对我们的生活是有益的。作为深陷低增长痛苦中的资本主义的替代方案,共有经济的出现也不是没有道理。与共同体协作,以提倡共享的协作消费提高消费者福祉,也是一种值得考虑的做法。拼车不仅有助于节省生活成本,也有助于防止能源的浪费。以拥有私人财富为目的的市场交换意识渐渐被以合作共享为目的的共有社会交换意识代替,这在欧洲社会已经成为常见的现象。但我们还不能因此放宽心。共有经济的发展有可能导致劳动者工资收入和劳动力质量下降的问题。共有经济的失误也有可能使连接线上和线下的平台企业中饱私囊。自从爱彼迎登陆韩国以后,曾发生过好几例出租私宅的国内房主因违反住宿申报规定而被罚款的事例。优步虽因出租车的增加导致车费有所降低,但也有可能导致现有的出租车公司倒闭,并引发就业问题。这就要求我们,虽然可以把共有经济看成未来市场的发展趋势,但也要注意共有经济所固有的弊端。只有这样,共有经济才不会导致"共有地悲剧"。

使用互联网也要缴纳拥堵费？

驾车通过南山隧道①的人须缴交通拥堵费。韩国政府规定，设在交通拥堵区域的设施或建设引发交通拥堵设施的企业每年须向政府缴纳交通负担费。依此类推，如果互联网诱发过多流量，是不是也要缴纳拥堵费呢？如果缴纳，那么该由谁来缴纳呢？2016年2月，脸书决定，在通信基础设施不完善的印度，与印度电信运营商信实电信公司（Reliance Jio）合作，向他们提供免费的网络接入服务项目Free Basics。按理说免费提供服务项目是一件好事，可问题是脸书在自己提供的目录里夹带了比其他网络服务在质量和速度上更优越的服务。用专业术语来说，脸书违背了"网络中立性原则"。提供通信网的运营商（如韩国的SK、KT、LGU+等）有义务遵从让用户无差别地共享所有目录的网络中立性原则。根据这个原则，通信网运营商在提供目录的时候应该向卡考聊天②和脸书的用户提供同等的待遇。同样，不管是卡考聊天的用户还是脸书的用户，在网络使用上也应该受到同等的待遇。

2016年，谷歌声称，在美国国内用户占有率排名第三的移动通信公司

---

① 南山隧道：남산터널，韩国首尔一隧道名。——译者注
② 卡考聊天：Kakao Talk，一款韩国聊天软件，类似中国的微信。——编者注

第 21 章　互联网与共有地的"两难困境"　× 261

T-Mobile 干涉了谷歌公司的视频平台油管的流量传输。一家数据分析机构表示，油管在美国拉动了国内无线通信流量的五分之一。油管认为，T-Mobile 故意限制油管平台，违反了网络中立性原则。事实上，在通信营运商的角度上，并不看好流量过大的目录供应商。网络中立性原则的背后到底存在着什么原理呢？那就是"共有地悲剧"。有人认为通信网使用费上一直存在着"免费乘车的人"，从而引发了相互推诿的争论。

下面，让我们听一听视频流（视频数据传输）运营商压制通信运营商的发言。

"我们希望大型互联网服务提供商（ISP，Internet Service Provider）保持网络中立性。移动通信商不应该为了自己的利益任意向特定目录供应商或使用目录的消费者提供更快或更慢的速度，也不应降低目录的可访问性。互联网不应该是少数人的专属物，而应该成为属于所有人的'开放的空间'。'平等'是人类普世价值之一，可我们的目录供应为什么要以保证移动通信商的利益为由受到不公平的待遇呢？"

可移动通信商为什么还要批评目录供应商呢？他们认为，互联网也是具有共有地性质的地方。目录供应商为吸引消费者，在互联网提供具有吸引力的服务，而消费者为了享受那些服务项目蜂拥而至，结果导致流量暴增。而如果流量超过一定的限度，就可能引发服务器超载问题，导致所有人无法使用互联网。这就等于共有地被人为地破坏了。

在互联网创立初期，既没有那么多引发大流量的服务，也没有那么多的使用者。可现在情况不同了，使用网络服务的人大大增加，还有人提供像视频流或网络电话那样拉动流量的服务。于是流量比以前增加了许多，而流量的增多又增加了网络的负荷。在移动通信商角度上，为高速处理增加的流量，他们不得不投入巨额资金以持续扩充网络容量。因此，在移动通信商眼里，目录供应商作为增大流量的罪魁祸首，自然成了不受欢迎的人。在自己设置的网络里，目录供应商来个"免费乘车"，移动通信商不可能不窝火。移动通信商主张，根据"用户负担原则"，目录供应商也应承担一部分网络设施扩充费用。而目录供应商则认为，扩充网络设施是移动通信商理应做的事情，目录供应商没有理由替他们支付此项费用。目录供应商还表示，在每个消费者都支付通信费用的情况下，移动通信商将网络设施扩充费用转嫁到目录供应商身上，只能说明他们过于自私。关于通信费用问题，目录供应商主张，消费者不是单纯为了连接网络，而是为了连接网络享受目录而支付的。对此，政府也强调，不能给产业性质越来越浓厚的目录市场增加负担，反而要进一步激发他们的活力。

我们回顾一下早已在我们记忆中消失的韩国过去的一件事例。卡考聊天的移动互联网电话服务"语音通话"对韩国国民来说，是再方便不过的服务项目。若是接通无线局域网，人们在国外也可以免费享受和自己的家属、朋友的通信服务。可在当时，围绕语音通话国内服务业务的开展，韩国的移动通信商以语音通话服务拉动过多的流量为由提出了反对意见。对此，韩国消费者指责移动通信商限制语音服务的理由不是因为流量负担，而是为了保护他们自己的通话服务。韩国政府虽然发布了有关合理管理和使用通信网的标准，但后来也没有出台相关强制性规定，或采取具体的管制措施。如果流量激增导致网络负荷过重，网络就可能受到限制。

外国的情况怎么样呢？美国联邦上诉法院在移动通信公司威瑞森（Verizon）针对联邦通信委员会提起的"废除网络中立性"诉讼中，站在了威瑞森一边。对通信公司强制实施网络中立性，是因为目前美国通信法将互联网归类为信息服务，而不是普遍性的通信服务。因此，法院认为网络中立性是不合法的。如果是可以提供给任何人的普遍性服务，就会出现不同的判决。与之相反，欧盟议会却通过了不准通信商区别对待本公司互联网服务和别的公司互联网服务的法案。他们不仅禁止对别的公司服务的歧视，还禁止与本公司服务差别对待的行为，决定实施更加严格的网络中立性原则。美国和欧盟之间为什么存在这样的差异呢？

通信是我们日常生活中不可或缺的服务。如今，评价生活质量，通信网的顺畅度成了重要的尺度。通信属于国家基础产业，可管理通信的却是民间通信商。正因为是民间企业，对收益和费用自然很敏感。为此，有人说移动通信商做的是充满矛盾的生意。移动通信商有时还向用户提供互联网上的电视服务（IPTV）或移动视频点播（VOD）等视频流媒体服务。有人怀疑他们是不是给自己公司的目录提供比别的公司更优越的服务。事实上，移动通信商加入互联网协议电视服务后，还将本公司的超高速互联网服务作为配套商品出售给用户。有时还给现有的移动通信用户或有线服务用户提供打折优惠。种种迹象使人们不得不怀疑这里面是否存在着公平交易问题或其他法律问题，这也经常成为舆论的焦点。

围绕网络中立性问题，通信商和目录商之间的对峙仍在继续，而消费者则站在对峙双方中间。可见，网络中立性问题不是哪一方做出让步就能得到解决的问题。如果接受移动通信商的主张，那么，获得天文数字收益的目录供应商能交出多少"诱发流量承担金"呢？由此产生的中小微企业的问题又该如何解决？现在我们回到奥斯特罗姆身边，想象一下她对网络中立性问题的看法。我们认为，她肯定会强调用户之间的友好关系、对相互间共生共存关系的认识、自律性制度的重要性，而不会强调政府的介入。然而，说起来容易做起来难，现实并不像她说的那么乐观。围绕网络中立性问题，通信商、目录商、消费者之间的立场各不相同，在今后的一段时间内三方矛盾将继续存在。

在互联网基础设施已经遍及全球的形势下，营造良好的互联网生态比什么都重要。我们必须把互联网打造成共享与开放的场所。要是有人将互联网打造成华丽的秘密庭院，我们就应该有胆量拆除那个庭院。通过开放资源（Open Source）而成功的维基百科就是共享与开放的典型代表，他们的举措实在令人欣慰。

[创新能力是国家繁荣的关键]

埃德蒙·费尔普斯的自发性创新论

埃德蒙·费尔普斯(Edmund S. Phelps, 1933.7—)

埃德蒙·费尔普斯因拓展对宏观经济长期和短期效果之间的理解而获得了2006年诺贝尔经济学奖。20世纪60年代末,费尔普斯因反驳主流经济学中表示通货膨胀和失业率之间逆向关系的菲利普斯曲线,在经济学界得到了广泛的响应。他在分析人力资源在新技术和发展的扩散中的重要性方面起到了先驱者作用。费尔普斯作为雇佣理论的大师,用雇主的"合理期待"解释非自发性失业的原因,引起了学界的关注。

寒门难出贵子，"了不起的盖茨比曲线"

虽然美国与其他国家相比经济状况相对不错，但已经很难回到过去的辉煌时期，虽说同样是尊重多样性的社会，可有一点与别的国家没什么两样，即为了活得比别人更潇洒都在拼命挣钱。当你走上人生的坦途之后，你的下一个目标会是什么？有人说要到硅谷去，以技术创新打开新天地，也有人说要到华尔街去，用新的金融工程学制造多种创新产品，大幅提高业绩。这里不妨讲一则笑话。如果你到韩国城市商业银行去借款，银行就会说"你肯抵押房子的话，我们就借给你钱"；可如果你到美国硅谷去借钱，他们会说"请你谈谈自己的梦想。我们想用钱购买你的梦想"。如果真的有人说这样的话，那么，没钱的年轻人该多么幸福。然而，用这种方法谱写成功神话的，在美国大有人在。

以家庭收入为标准，我们设想一下人们从低收入阶层到中产阶层，再到上流阶层的移动情况和上流阶层向最高富人阶层转移的可能性。人们通常认为，前者取决于教育，即取决于对人力资本的培育，后者取决于创业和在资本市场上的成功。在资本主义国家，进入最高富人阶层最可靠、最快捷的途径，便是成为一个成功的企业家。因此，有人说自己的梦想是"前往硅谷或华尔街"。

盖茨比是小说《了不起的盖茨比》（*The Great Gatsby*）中的主人公，他是出生在贫穷的农民家庭后来成为大富翁的美国青年。现在我们一起来看一看以他的名字命名的"了不起的盖茨比曲线"。贫穷的盖茨比暗恋一个已是人妻的女人，为了与她见面，做梦都想成为一个人上人，一心想朝富人阶层爬上去。后来他虽然成了一个富翁，但最终还是被人谋杀而结束了自己的一生。现代社会仍有很多人像盖茨比那样梦想发财致富爬上富人阶层，然而，在收入不平等已经根深蒂固的现代社会，改变自己的阶层并不是一件容易的事情。如果收入不平等现象加剧，人们很容易自暴自弃，社会矛盾也会加深，社会成本增大，经济发展也会受阻。在因为"再努力也无济于事"的无助感而失去活力的社会里，人们总想修复爬上富人阶层的梯子。当今社会，"寒门难出贵子"的说法已经成了人们的共识。

在"了不起的盖茨比曲线"中，X轴是表示不平等的基尼系数，Y轴表示取决于父母收入的各阶层间的收入弹性，也就是说，Y轴表示的是子女根据父母的收入改变自己现状的可能性。包括中国在内的发展中国家，X值和Y值都很高，这就意味着遇上好父母的人都能过上好日子。相反，在欧洲发达国家，X值和Y值很低，意味着他们很少受到来自父母收入的影响。

现在，我们再看看在"了不起的盖茨比曲线"中处于中等水平的美国的状况。分析一下美国的盖茨比曲线，我们就可以看出，纯资产达到10亿美元以上的富翁中，靠个人努力成功的人占70%以上。虽然目前纯靠个人努力提高自己经济地位的人已经不多见，但是靠个人努力成功的这些人却是不可否认的。再看看各国亿万富翁的共同点，其中相当一部分人出自创业者、金融从业者、专业管理人之中。虽说美国梦已经破灭了，可硅谷、华尔街仍被人们视为创造机会的地方。有人说，直到目前，地球上能够实现约瑟夫·熊彼特（Joseph A. Schumpeter）的"创造性破坏"的国家还是美国。作为经济发展的源动力，熊彼特十分重视企业家的创造性破坏行为。他认为用技术创新打破原有的秩序、树立新的经济体系的过程就是资本主义发展的最基本的出发点。

我们生活在长期结构性停滞的时代？

在韩国，围绕能否实现3%的经济增长率，学界争议不断。在对外条件不确定的情况下，如果没有降低利率或追加预算，拉动实体经济增长，我们也许会把已经死去的熊彼特从棺材里"扶"起来。在世界经济停滞、企业家的野性冲动渐渐消失的情况下，造就一个充满活力的韩国似乎是痴人说梦。对创新的定义各有各的说法。创新也许是意外的幸运，也许是早已系统化和实验的结果，也许是出自失败者产生的不屈意志。总之，创新在人们的意识中是一种新生事物。

也许熊彼特认为天底下根本没有新生事物，因此，他把创新看成是现有事物的重新组合。说来也难怪，事实上智能手机也是把各种原有技术组合起来的新产品。根据熊彼特的理论，创造性破坏的创新范围包括发现新的供给渠道、研发新技术或新产品、开拓新市场、开发新组织等多个领域。

眼下，整个世界因不平等、需求不足、世界经济不确定性增加等因素陷入低增长的泥潭之中。尽管主要发达国家以负利率等货币宽松政策来应对，但经济状况仍然不见好转的迹象。经济学家们提出一个理论，即因经济萧条和收入不平等的加剧，世界经济陷入慢性需求不振之中，处于长期停滞（Secular Stagnation）状态，从理论的发表到如今也已经过去很长时间。经济进入成熟阶段后，因慢性需求不足，企业回避投资，于是过度的储蓄会成为世界经济长期停滞的原因。在此期间，以负债为代价拉动消费的家庭开始减少消费、偿还债务、增加储蓄，再加上主要发达国家也在金融危机后采取紧缩政策，消费和投资就更加萎缩了。

由于企业对投资不感兴趣，于是人们要求政策当局向机场、道路、铁路等社会间接资本进行投资。对此，经济学家们主张，在民间企业陷入慢性需求不振而无法自我实现充分就业和增长的情况下，政府应该积极介入，以人为的方式拉动需求。然而，由于不少发达国家陷入国家负债的泥潭中，经济学家的这种主张得不到政府的认可。费尔普斯认为，国家通过积极的财政政策伸出援手挽救经济是有一定界限的。事到如今，我们是不是有必要跟着费尔普斯走一回寻找经济活力的"创新旅行"呢？

小小的创新结果也能带来经济繁荣

在活力不足的时期,如果有人站出来大胆地喊"大家一起找回活力吧",并大谈未来的希望,我们会不会说他是在煽动情绪呢?如果喊出这句话的人是经济学界的老将费尔普斯,大家是不是更惊讶呢?费尔普斯以与众不同的视角指出寻找经济增长活力的方法。针对目前的世界经济形势,他尖锐地指出,无论是供给主义的减税方案,还是凯恩斯主义的社会福利主张,都不是根本性的解决方案。他主张,要想摆脱停滞状态,就要重新点燃"民众的希望和希望之梦",最好的答案就是给大众的意识中播撒"创新之梦"的种子。

现在让我们追溯历史,看看过去经济发展的足迹。近代经济给历史提供的最惊人的成就是什么呢?西方的历史是斗争的历史。在重视个人利益的近代价值观和重视国家力量的保守价值观的斗争中,近代价值观赢得胜利,以创新理念促进了社会的发展。费尔普斯认为,繁荣的源泉是所有平凡人的无数个"小小的创新"。在他的眼里,那些不起眼的小创新恰恰是最美丽的东西。为了进一步理解这个"小小的创新",我们再听一听费尔普斯的主张。詹姆斯·瓦特(James Watt)的蒸汽机在改变这个世界的划时代的发明中排名前10位。蒸汽机引发18世纪的产业革命,而由产业革命和科技革命带动的生产率的提高又带来19世纪初举世瞩目的经济繁荣，这已经成了无可厚非的定论。可令人不可思议的是费尔普斯竟然持有与之不同的见解。他认为，事实上瓦特的蒸汽机对世界经济产生的影响是很微弱的，由工艺改进（Process Improvement）带来的生产率的提高不能成为经济繁荣的核心因素。

费尔普斯认为，人类历史上最繁荣的时期是1830—1910年，其代表性的国家是美国、英国、法国、德国。普通百姓能够享受直到18世纪末为止都无法想象的高质量生活的秘诀是什么呢？如果有才华的个人向市场推出具有创新理念的商品或服务，就可以打下知识经济的基础，从而促进经济的蓬勃发展。繁荣的源泉不在于几个卓越的创新，而在于大多数普通人持续的小小的自发性创新。对此我们有什么感想呢？商业资本主义时期的创新是少数几个贵族和资产阶级的专利。国家虽然富裕，可国家并没有为百姓的生活做出什么贡献，更没有关心过百姓的生活。

19世纪初，随着参政权的扩大和民主主义发展，挑战和冒险及创新的文化逐渐占上风，开启了大繁荣（Mass Flourishing）时代。费尔普斯指出，国家的繁荣不仅仅是经济上的富足，还包括实现大多数人敢于挑战、敢于冒险，从劳动中获得满足感，并从中获取正当的报酬的美好生活。不得不说这是一句令人心旌荡漾的话。我们现在是不是正享受这种大繁荣？是不是正享受劳动的硕果和由此带来的繁荣的喜悦呢？近代经济的创新引发了生产率的提高和实际收入的提升。这个成果给百姓带来了更多的自由，减少了贫困，提高了生活质量。

费尔普斯认为，导致繁荣的根本原因既不是资本和劳动力的增加，也不是商业和国际贸易的发展，而是小小的创新。他不无痛心地说，史无前例的繁荣一直持续到20世纪中期，可这样的繁荣却在最近几十年内开始衰退。1972—2012年，美国全要素生产率从2%下降到1%，全球潜在增长率也一直在滑坡。那么，我们该如何重新实现大繁荣呢？费尔普斯认为最关键的问题是为扩散

"草根创新"（Grassroot Innovation）而创造条件。

可为什么引发能动性的自发性创新受阻呢？费尔普斯认为，作为近代经济基础的价值观，把共同体和国家放在个人之上的传统社团主义（Corporatism，合作主义）思潮的膨胀就是问题所在。他认为，是将共同体或国家利益放在个人利益之上、将弱势群体利益放在强势群体利益之上的传统价值观，使得现代经济停滞不前。20 世纪 20 年代，在欧洲大陆首次出现的社团主义比起冒险、挑战、创新等现代价值更重视稳定、和谐、秩序、联合等传统价值。社团主义主张，经济发展必须以政府与企业团体、劳动者团体之间的合作为基础。他们批判个人主义和贪欲的扩张，要求保护弱势群体和既得权益。这种社会性保护的主张表现为社会补贴、社会福祉等多种政策。费尔普斯认为这是削弱自生能力的祸根，并强调经济活力下降、经济增长受阻的原因就在于国家政策和各种规制的束缚。目前的资本主义两极化加剧，保障弱势群体利益的安全网络十分脆弱。面对这种危机局面，也许有人还会嘲笑费尔普斯关于自由与活力的观点。

我们再看一看费尔普斯的论据。他反对另一个获得诺贝尔经济学奖的经济学家奥利弗·威廉姆森的观点，费尔普斯认为企业规模越大，决策结构的效率则越低，能动性也因此受损。他还抵制大企业的官僚决策。费尔普斯认为，企业如果执迷于短期成就和过度补偿，会影响企业的长期经营，陷入短期效应的泥潭而不能自拔。对财富的过度贪欲会影响资本主义的发展，尤其那些通过房地产投机挣得几十亿的人们，贪得无厌的欲望会成为阻碍创新的毒瘤。因为在费尔普斯的眼里，他们是一群钻进不会创造价值的非生产领域、蚕食人们创新精神的蛀虫。这里的关键问题是，我们如何正确认识草根创新，如何尊重草根创新，如何得到正当的劳动补偿。费利普斯认为，随着社团主义的引入，历来以开拓精神标榜自己的美国经济的能动性也被依赖性所代替，失去了往日的活力。在他看来，激励机制甚至可以驱动庞大的鲸鱼跳出海面手舞足蹈。他还由此做出判断，国家通过规制介入经济活动保护既得利益，从而使政客、官僚、利益集团三者构筑了坚固的三角关系。

现在我们再观察一下费尔普斯的正义观。他是一个着重考虑就业岗位和人们美好生活的经济学家。他一生憧憬亚里士多德和他的后裔们谈论的美好生活。一直思考正义的经济，果断地抵制了经济就是金钱与利益的关系的偏见。费尔普斯遵从约翰·罗尔斯（John Rawls）在《正义论》（*A Theory of Justice*）中提出的要尊重社会弱势阶层的观点，主张不能因多数人的利益之和大于少数人而牺牲少数人的利益。他经常思考社会收入应该如何分配的问题，主张美好生活虽然能把人们引向繁荣，但美好生活的分配也应该是正义的分配。

那么费尔普斯为什么把社团主义的分配看成是不义的分配呢？理由很简单。他认为，通过支付最低工资加上补贴来消除两极化的分配制度，是使更多的人参与经济活动从而引导他们走向美好生活的正义的制度。相反，受社团主义影响的社会救助，是以福祉的名义给那些不参与经济活动的人分配社会财富。费尔普斯认为给那些不劳而获的人提供社会福利，会使更多的人脱离经济活动，从而严重削弱社会能动力。由此费尔普斯得到结论，社团主义分配是不义的分配形式。

中国的创业热潮说明了什么

不可否认,目前还存在着一些否定费尔普斯观点的福祉论者。费尔普斯虽然是诺贝尔经济学奖获得者,可他的理论也不是神圣不可侵犯的,因此任何人都可以提出与之不同的观点。我们看一看他的著作《大繁荣》(Mass Flourishing)。他强调,根据生产效率的提高,应该向工作中的低工资劳动者提供补贴或税制优惠。韩国目前实施的劳动者奖励税制就是根据费尔普斯理论制定的激励机制之一。费尔普斯一贯主张不能剥夺劳资双方的劳动成就,在尽量降低雇用方(资方)雇用费用的同时,还要保障被雇用方(劳方)足额的劳动报酬。他认为政府应该向低收入劳动者提供永久性的工资补贴,以培育中产阶层。如果给劳动者提供就业机会能引发每个人参与和挑战的精神,劳动者的生活就会得到改善,国家也因此繁荣昌盛。这就是费尔普斯的理论核心。

出席达沃斯论坛的中国总理李克强恨不得让费尔普斯坐在自己的身旁。现在的中国年轻人比日本、韩国的年轻人更具创新精神。李克强总理试图在人口大国推广草根创业精神,应该说他的这个想法也来自费尔普斯精神。据官方发布的数据,韩国的创新指数非常高,这个指数在很大程度上受益于研发热潮和高水平的教育。然而,我们还没有感觉到草根革新的热潮。目前,新一代人缺乏老一代人的创意精神和创新冒险精神，竞相选择相对稳定的工作环境。大部分年轻人的首选工作集中在金融、教师、公务员、大企业等领域。在年轻人高失业率的环境下，他们的选择也实属无奈。但从整个社会角度上看，这不得不令人忧虑。令人怀疑的是，现在的年轻人是否有安于特权意识、循规蹈矩、保全面子等落后的欧洲中世纪传统文化的倾向。

在巨变的年代，能动性只能出自自由和创新。费尔普斯呼吁，如何抑制由集体主义造成的能动性枯竭，是把资本主义从危机中拯救出来的重要课题。

"运行良好的资本主义会带来繁荣。只要正视问题、重振核心价值观，资本主义定会迎来重新繁荣的日子。"

中国也正在掀起创业热潮。李克强总理提倡"大众创业，万众创新"，鼓励年轻人创业，以振兴国家经济。中国的这一发展势头不禁让我们重新审视自己，我们的创新是否只是口号，还是在一味追求稳定性。

[结束语]
我们真的相互关爱吗？

　　看着即将飘零的花瓣在春风中"瑟瑟发抖"，一股萧瑟、凄凉的情感也在我心中油然而生。我们的人生也像那花儿一样，绽放一时便走向凋零、枯萎。这是自然规律。然而，对找不到工作的年轻人来说，别说是绽放，就连花骨朵也来不及长成便心灰意冷。环顾整个世界也找不到能够足够容纳失业年轻人的就业岗位。看着家庭、企业、政府都在沉重的债务压力下苦苦挣扎，严重阻碍社会、经济的发展，实在令人心痛。企业应生产完美的产品以实现经济繁荣，家庭应作为健康的消费主体促进资金周转，政府应利用收缴的税金制定公平的制度、提供高质量的公共服务，然而，这一切并没有形成良性循环。如今的世界因劳动者之间的工资差异、企业之间的实力不平衡、国家之间的收入差距乃至世代之间的矛盾纠葛而动荡不定。约翰·凯恩斯梦想的是资金良性周转的雇用制度健全、中产阶层完美、国家强大的理想社会，可目前我们并没有达到这样的理想境界。

　　我坐在餐桌前陷入沉思。不知从什么时候开始，人们望着失去生机的世界经济，心中开始怀疑：我们是不是成了死去的经济学家的奴隶？经济增长了，工作岗位却没有增加；利率下降到负数了，物价却在原地踏步。面对这种状况，我总觉得他们的疑虑并不是没有道理。

通过本书中收录的22篇经济故事，我们看到针对世界经济开出的临时处方并没有正常发挥作用。事到如今，我们甚至怀疑是由于我们心态过于急躁而曲解了大师们正确的教诲。面对民众不同的餐桌展现出的贫富差距，经济学家们正在齐声喊话："经济要回到属于民众的、依靠民众的、造福民众的'经邦济世'的本质上。"在这个世界上，每个人的餐桌不可能是完全一样的。有些人的餐桌因摆放的食物过多快要散架，有些人的餐桌因没有一碗像样的饭菜显得十分寒酸。在如此不均衡的条件下，我们的美好生活还能持续多长时间呢？我的耳边似乎响起经济学家们的忠告：餐桌越来越倾斜，已经到了随时都有可能崩塌的危险地步。

通过本书，主张工作与闲暇必须保持均衡的凯恩斯再次给我们敲响了警钟。22位经济学家提出的"餐桌上的经济学"与凯恩斯的主张一样，可概括为人与自然保持均衡的和谐生活。通过这本书，我们可以重温我们所要遵守的品德、面临的困难，以及任何时候都不能抛弃的道德观和为建立正常的国家而付出的努力、技术进步和创新等，充分认识到达到这些目标所需要的中庸原理的重要性。让我们闭上眼睛，聆听大师们的字字珠玑。现实越刻薄，本书冷静、透彻的判断和分析越震撼人心。经济学家们讲述的带有真实生活香气的故事，使我们重温被忘却了的价值观，重新思考建设更好的社会、促进人类繁荣所应尽的义务。

静坐餐桌边，困意袭来，眼皮不知不觉地垂了下来。我似乎看见远处汉江中央孤岛上的一棵大树下父亲晃动的身影。父亲对我说：

"我为祖国的产业化贡献了一生。你要牢记我们这个国家是在一穷二白的基础上建立起来的。我为你们治愈了战争的创伤，治愈了贫穷的痛苦。如今我仍然是你最可靠的后盾。我怀着孤寂的心情想象祖国统一以后的景象。儿子啊，你要记住，我当时没有钱，不可能照顾好你们所有兄弟，所以只选了你这个最聪明的儿子。我对不起你的兄弟们，但我非常感谢你。"

听到父亲的话，我的眼泪不知不觉顺着面颊流了下来。我不禁自言自语道：

"父亲，我非常尊敬实现从无到有的父亲一代，也感谢您使我这个儿子过上舒坦的日子。请您原谅我这些年只考虑自己的子女，未能经常去看您。我不想让我的子女过着受人蔑视的生活，所以，我尽最大努力让他们念好书。虽说岁月艰险，可我觉得还是能挺过去。要说遗憾，只是没有更好地对待自己，未能做到更充分地享受人生。父亲，真想回到枕着父亲的臂膀数天上星星的那个时候。当时虽然没有现在这么富裕，可我觉得比现在幸福多了。请原谅我这个不孝之子，孩儿将永远铭记您的教诲。"

忽然，又传来了儿子略微颤抖的声音：

"爸爸，请原谅我一直以来对您过于依赖。怪我不懂事，我真诚地感谢爸爸。爸爸，如今儿子也领悟到了自己的人生有多么珍贵。在人生道路上，虽然有些不尽如人意的地方，但儿子有决心能够冲破这些难关实现自己的理想。儿子讨厌关在笼子里的生活，儿子向往的是飞出笼子自由翱翔的生活。

"爸爸，请相信儿子。也请您为儿子祈祷这个世界能给儿子更多的机会。我爱您。"

听到儿子的声音，我不禁有点心慌，我尊重过儿子吗？我了解过儿子吗？只要我们站在对方的立场多多理解对方，不就可以缩小和缓解国与国之间、世代之间、人与人之间的距离和纠葛吗？孤岛那边已经亮起了点点灯光。每一束灯光都为驱逐黑暗不停地闪耀着，忽明忽暗的灯光似乎在谈论自己存在的意义：虽然天亮以后它们都会消失，可它们仍在为缩小相互间的距离而做出不懈的努力。我静静地扪心自问，我们每个人到底有没有勇气像孤岛那边的灯光一样以身作则，先伸出手来去创造大家共享幸福的美好生活？我们真的相互关爱吗？我们都心怀一颗爱心，等待冉冉升起的太阳驱逐黑暗。我们期待凯恩斯梦想中的繁荣的日子代代相传，更期待他的这一信念在世界每一寸土地上生根、发芽、开花、结果。